LEIPZIG

Innenstadt

Ein Streifzug

Bettina Bauch

&

Eckhard Schmittner

Impressum

© 2019, Bettina Bauch & Eckhard Schmittner

Titel: LEIPZIG – Innenstadt – Ein Streifzug

Covergestaltung: Bauch/Schmittner

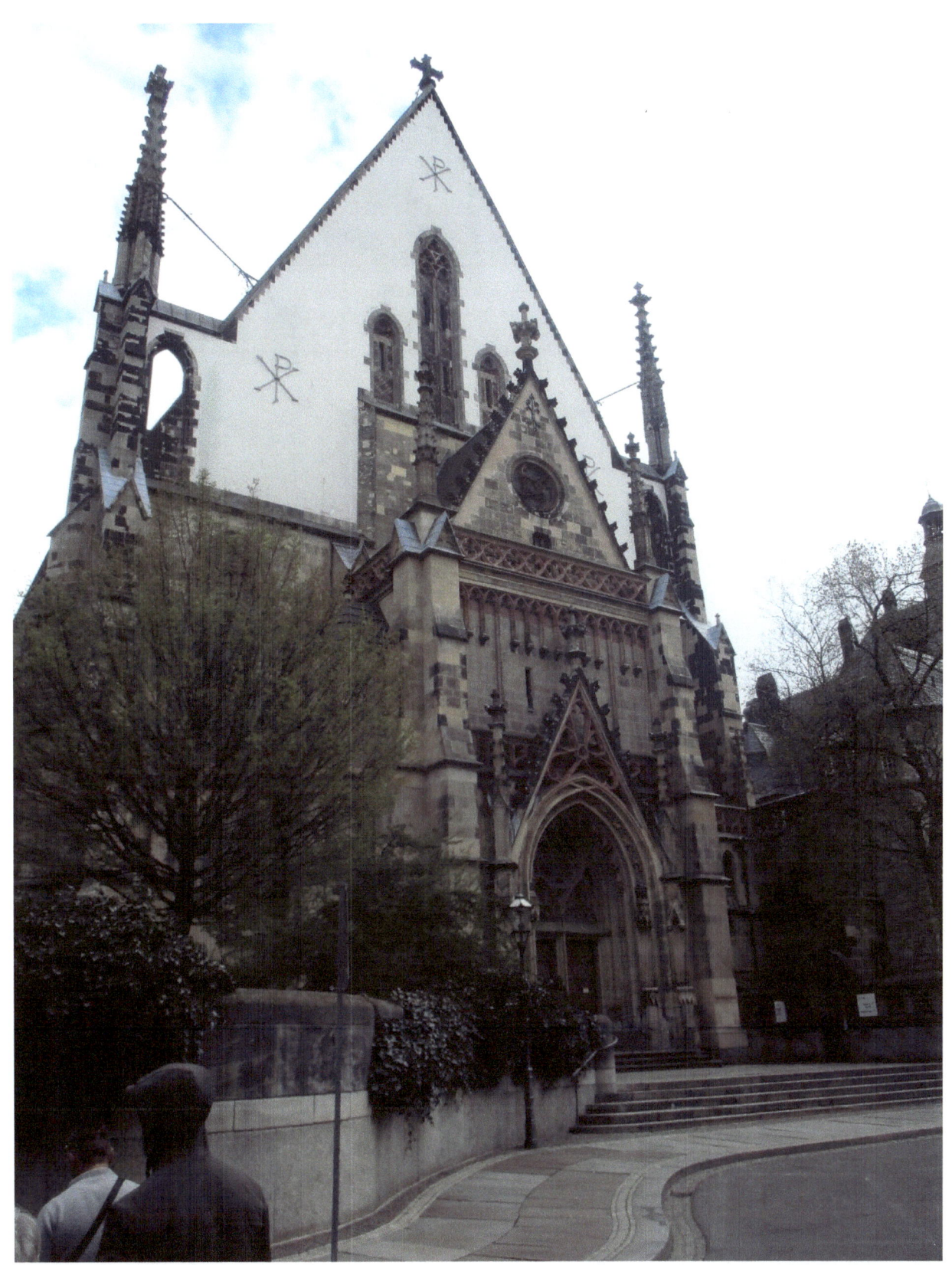

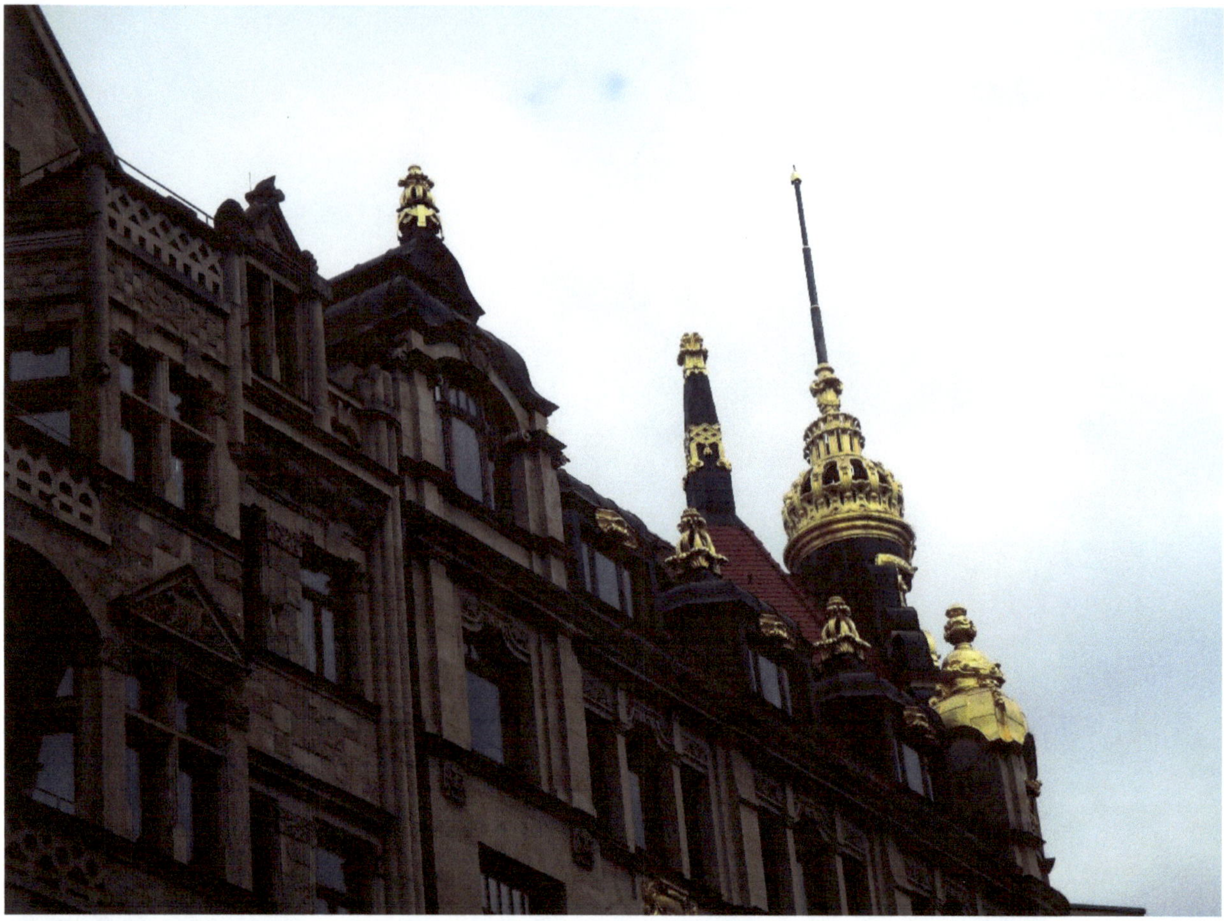

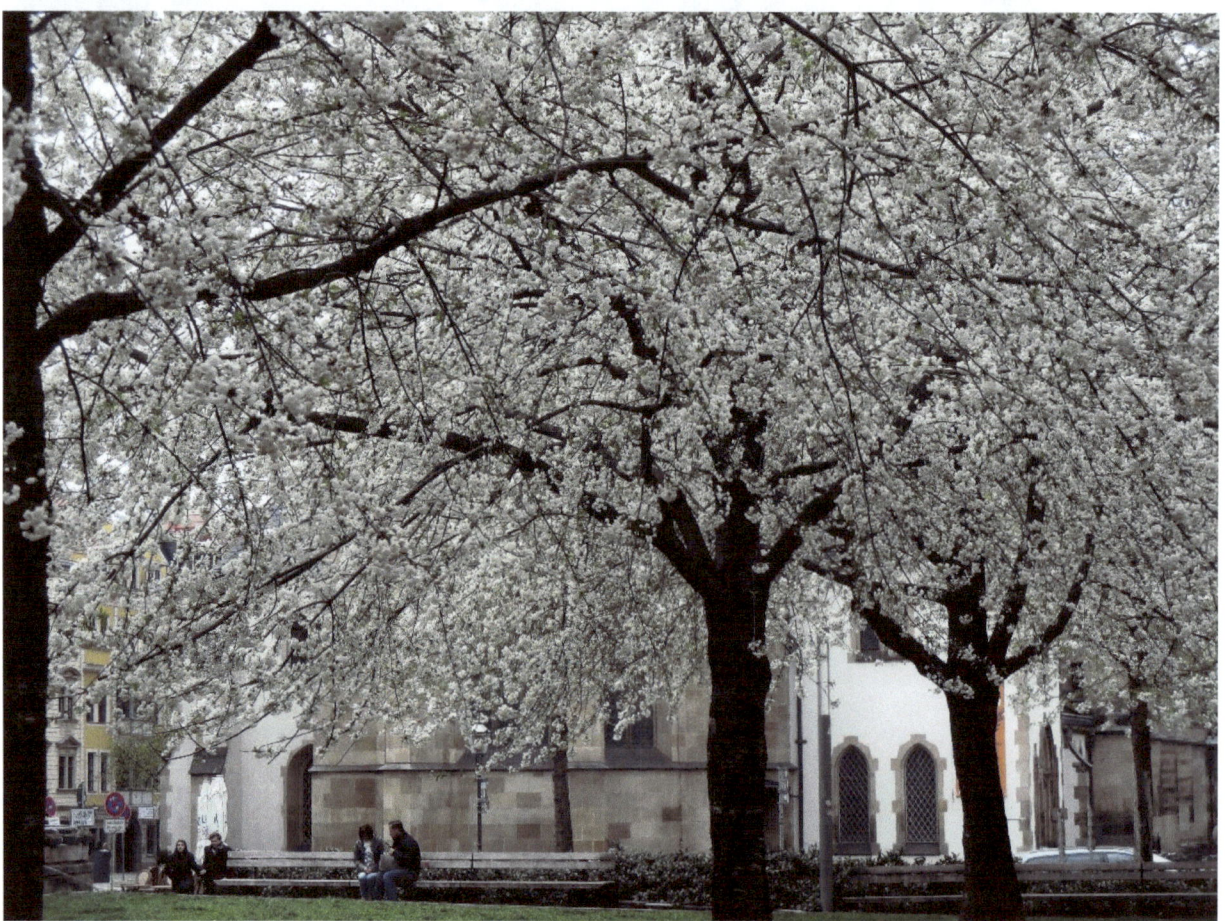

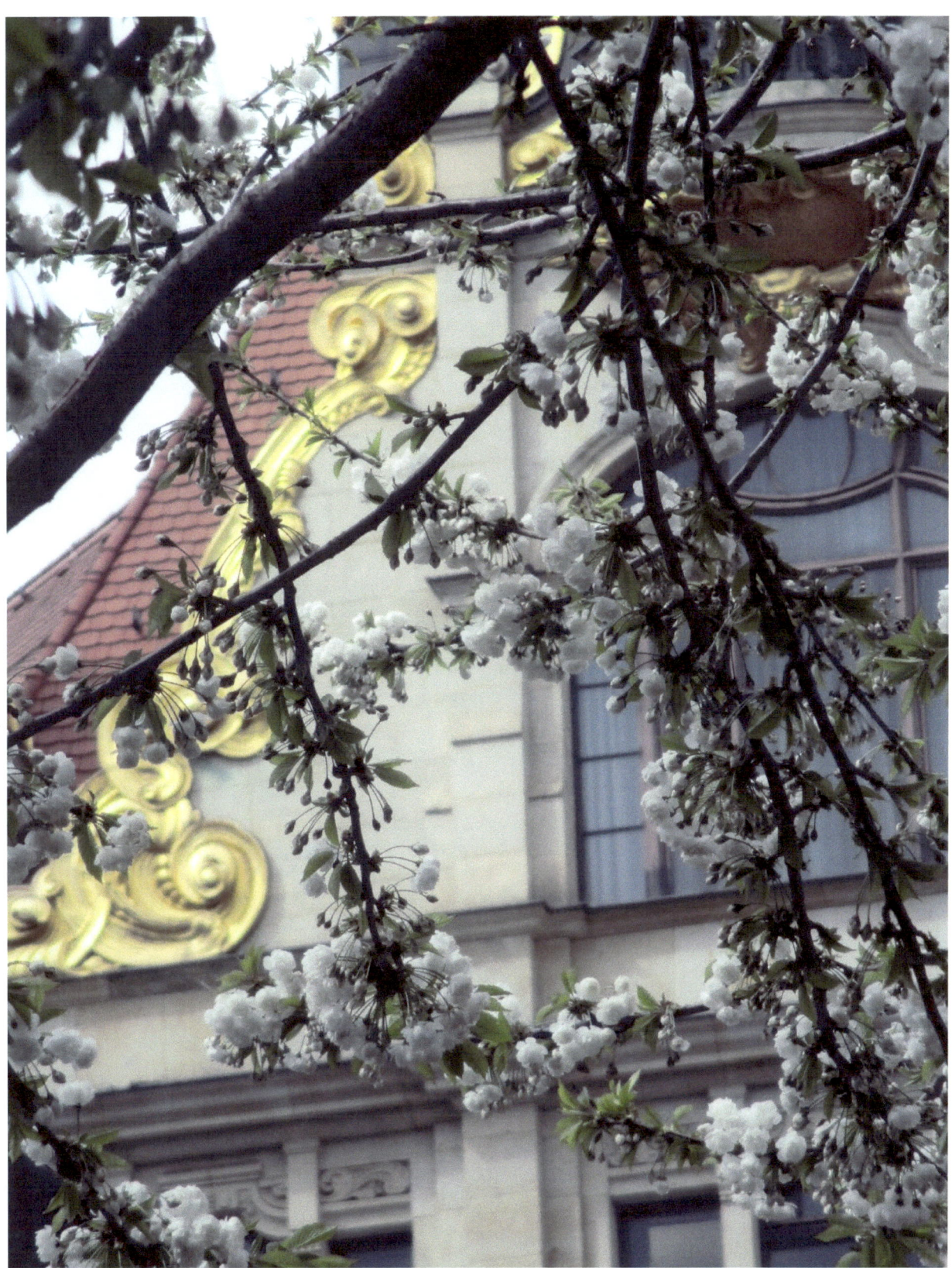

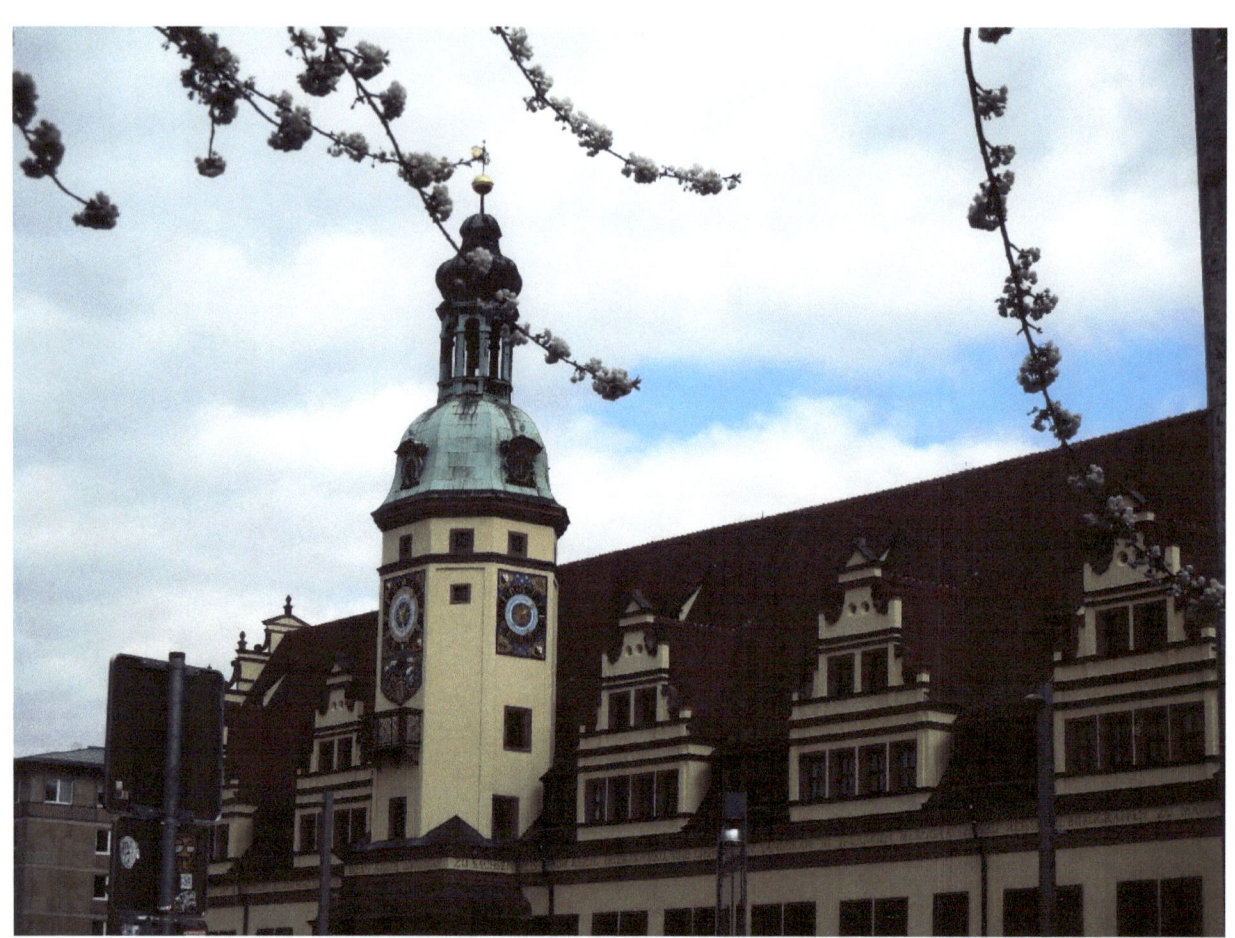

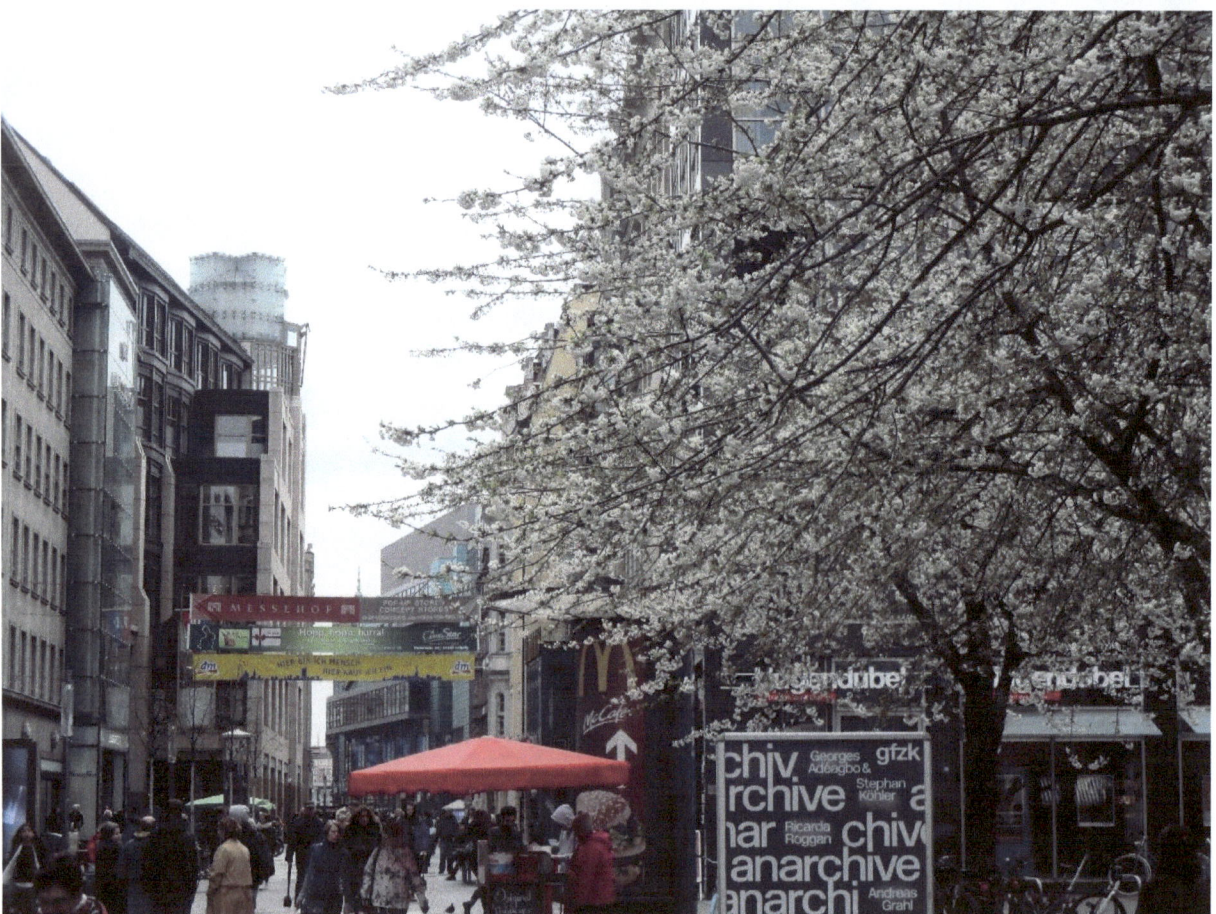

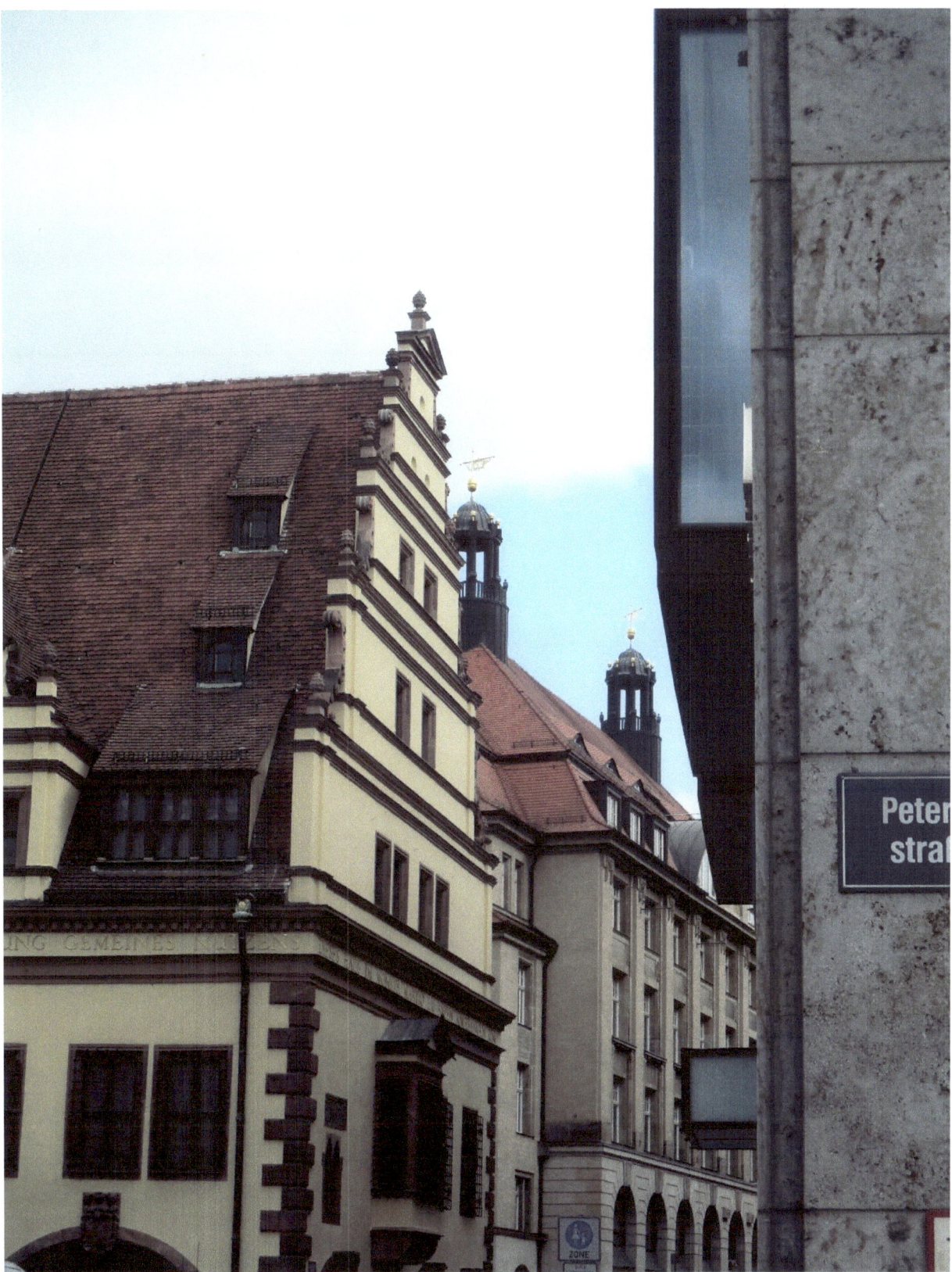

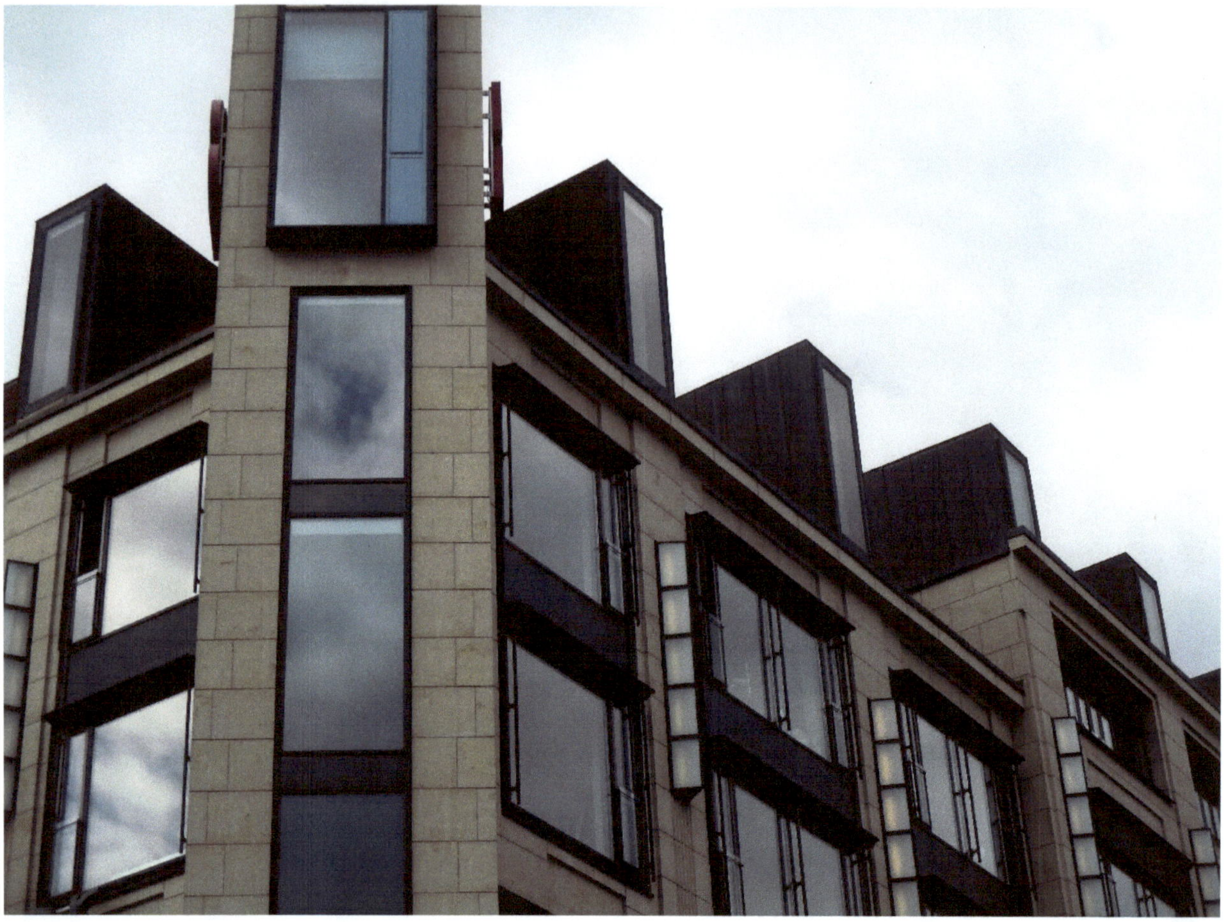

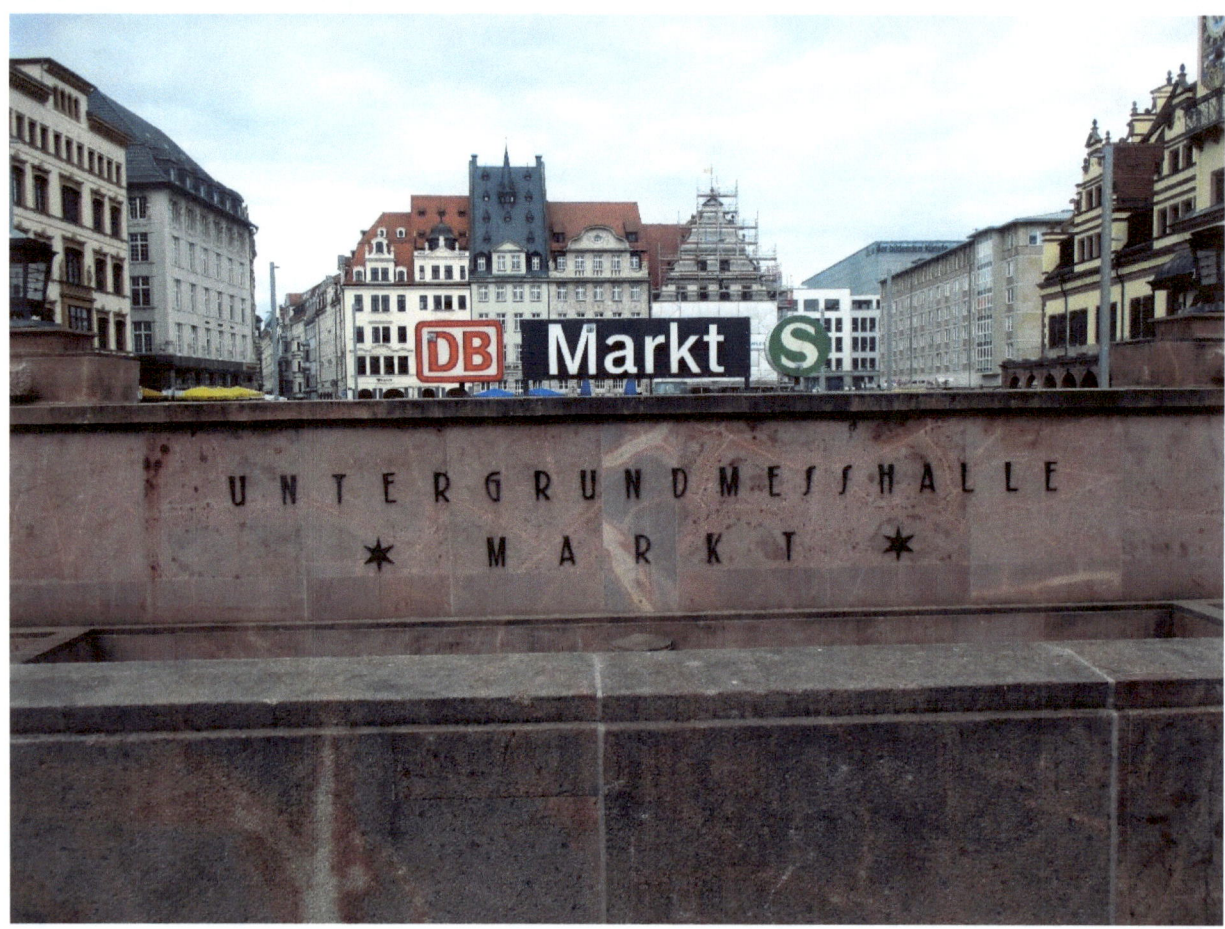

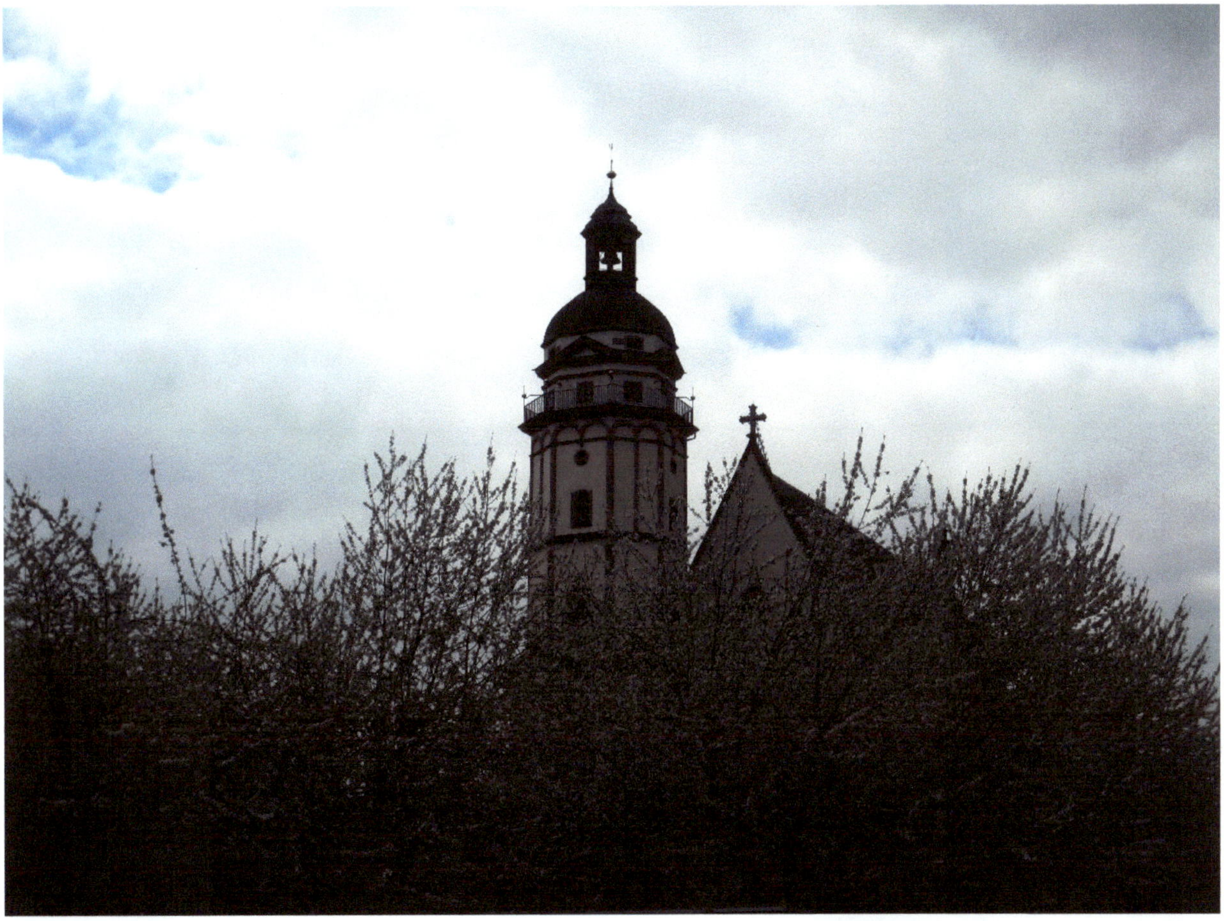

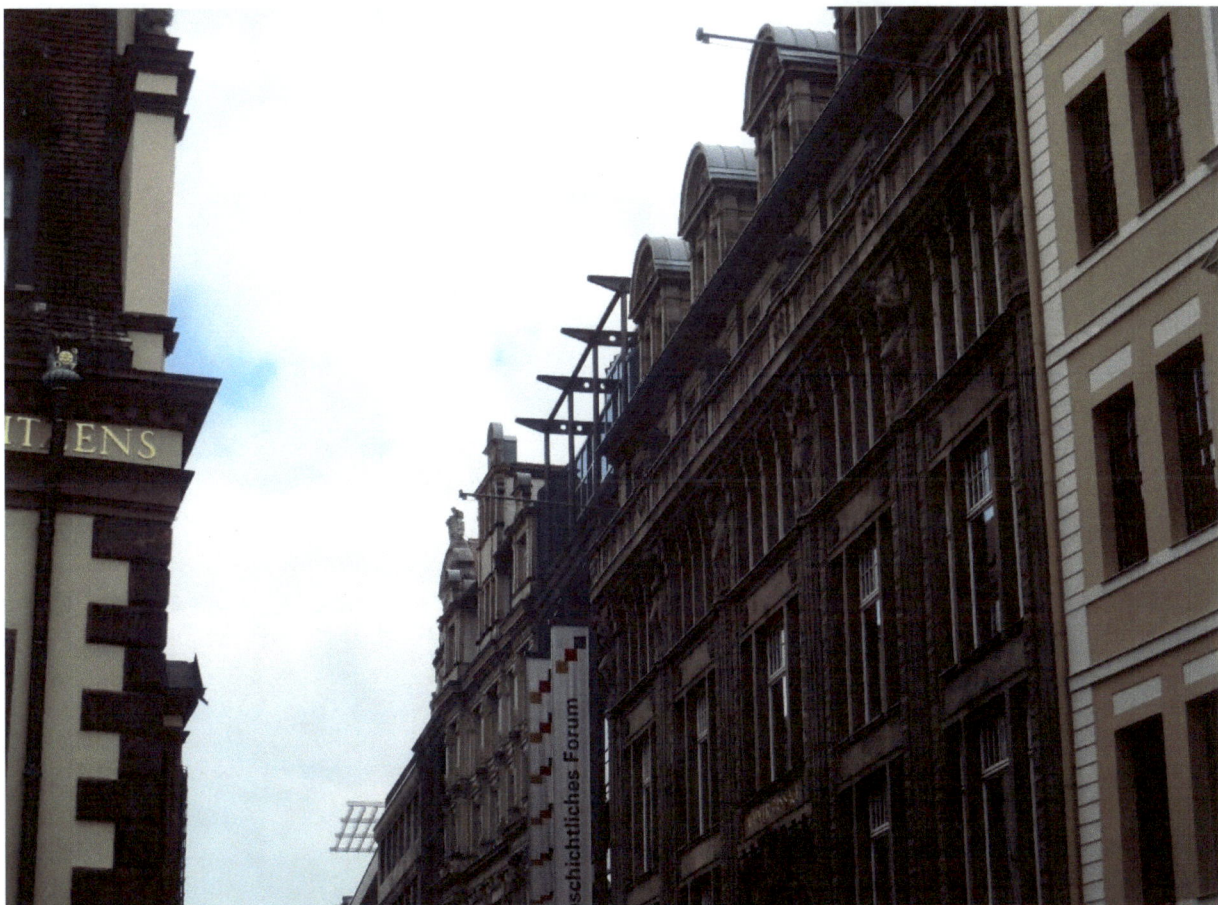

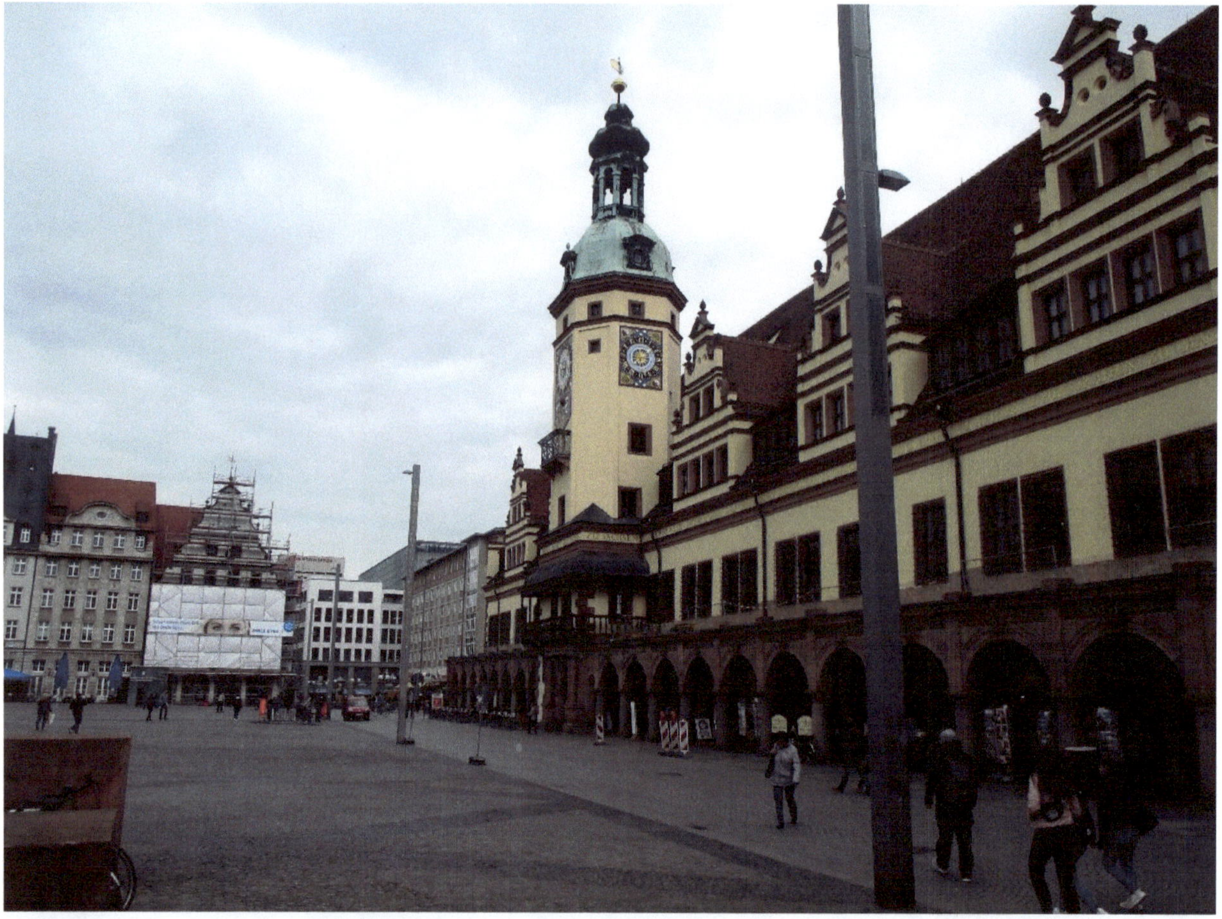

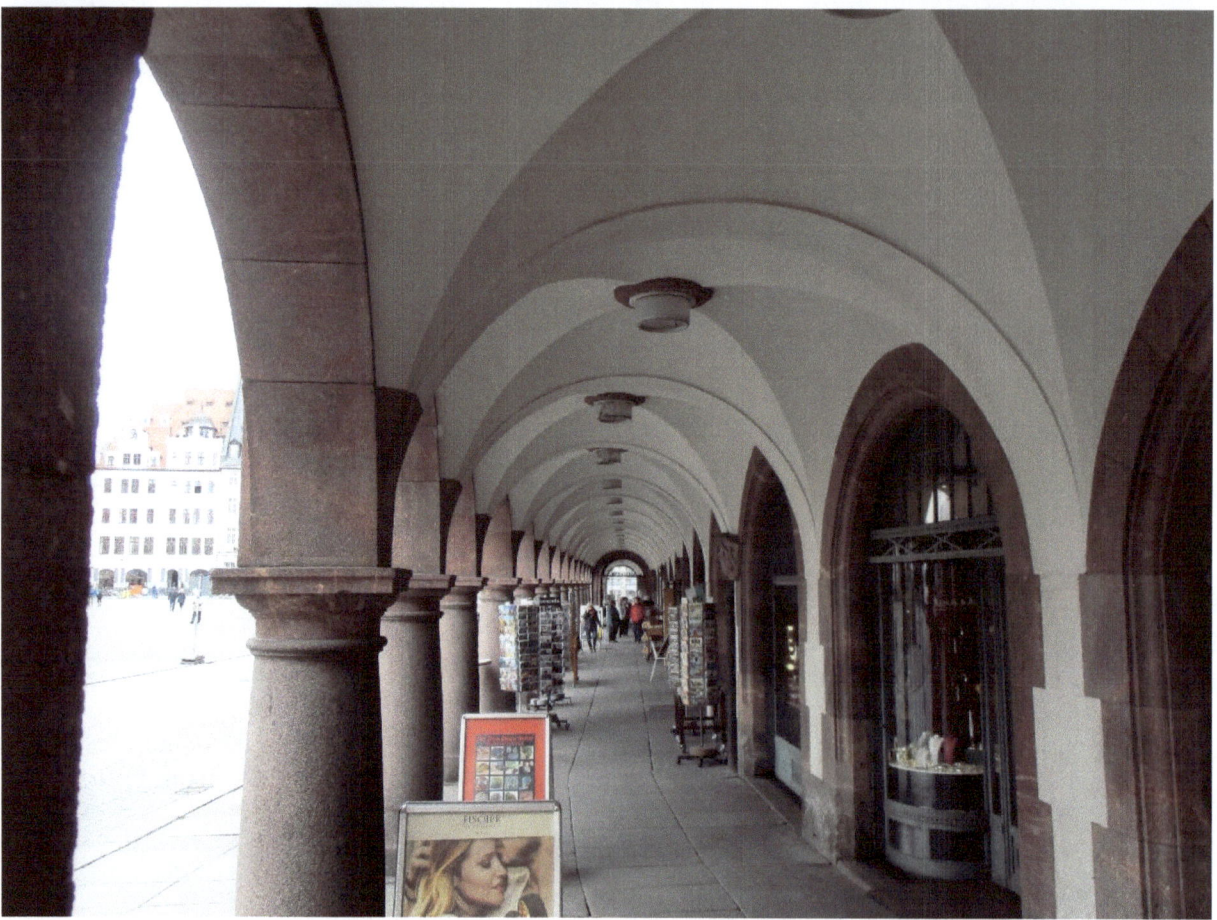

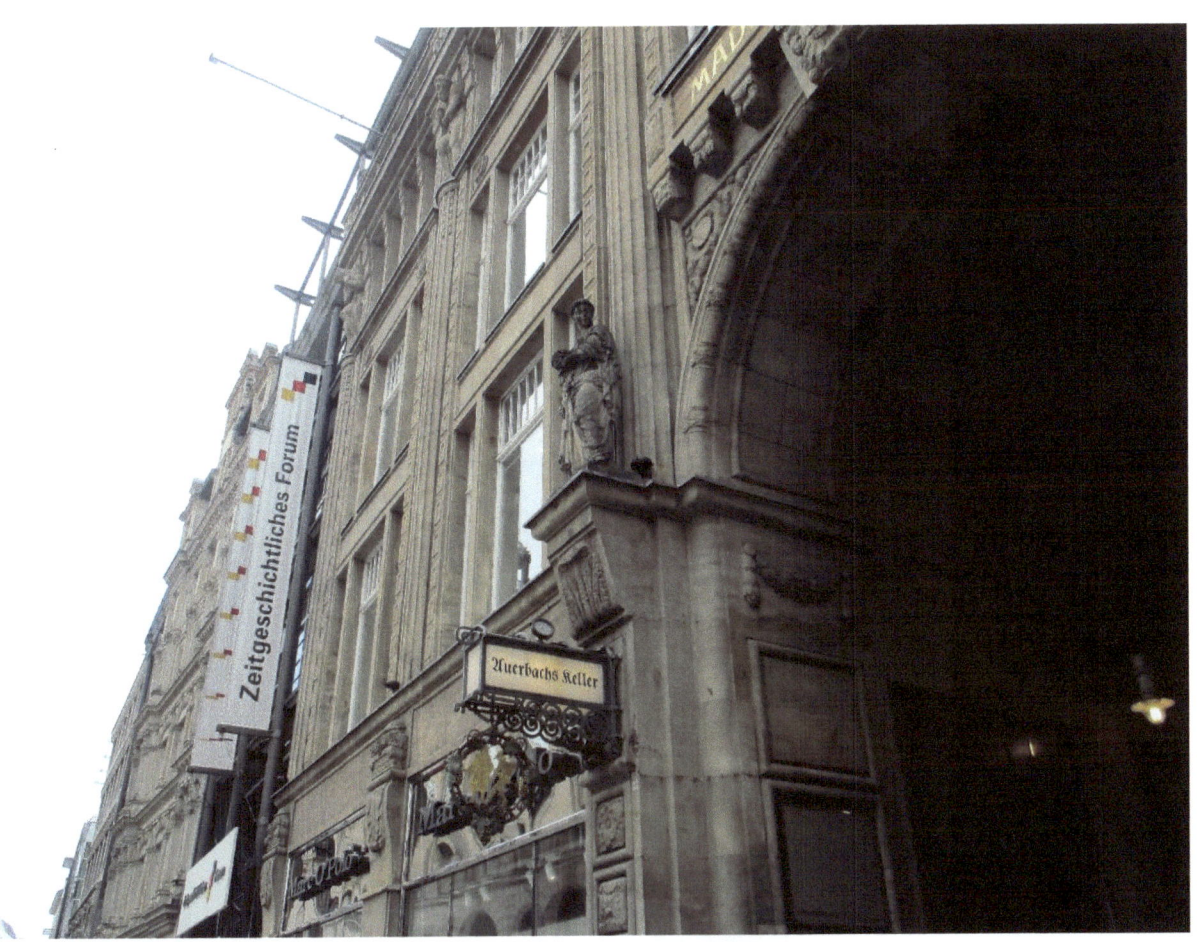

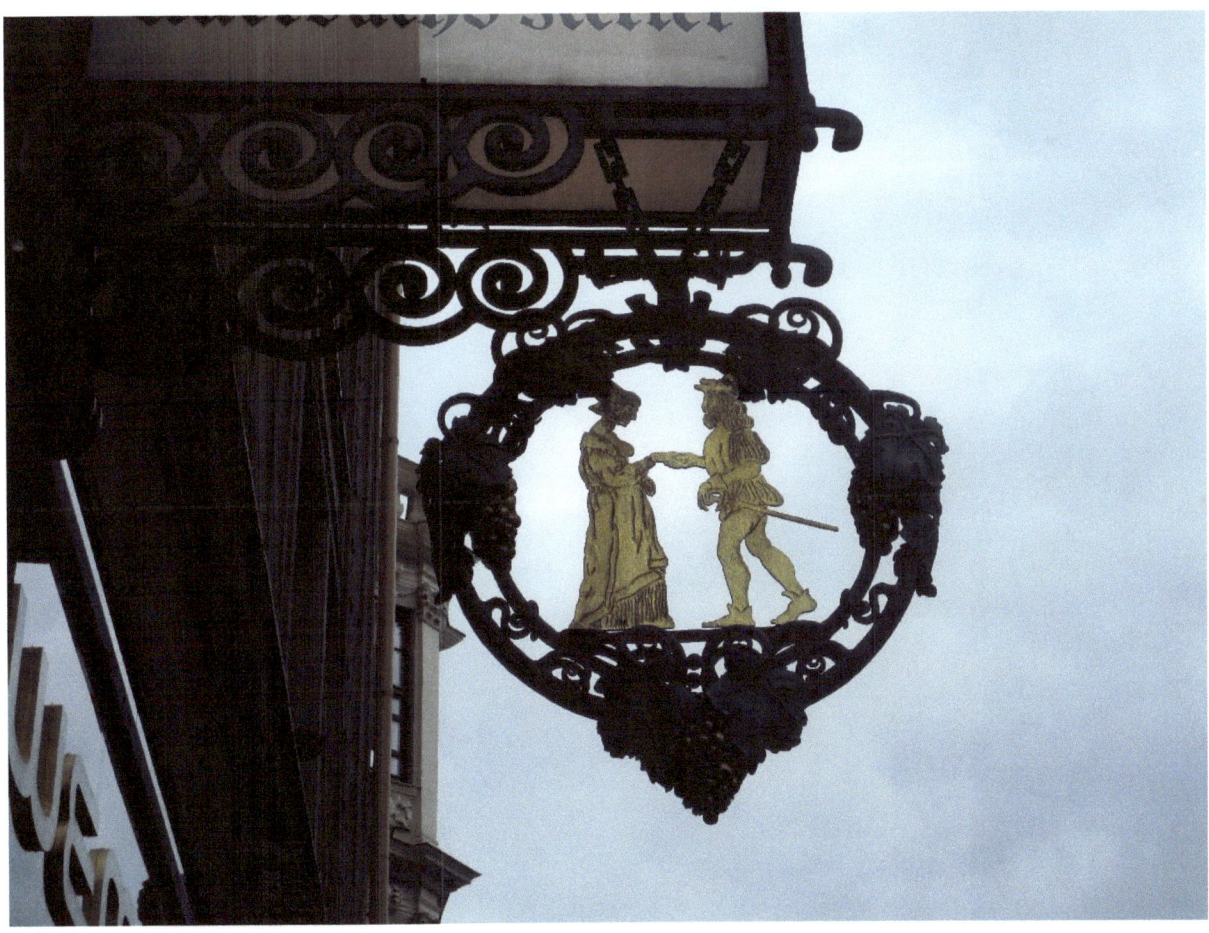

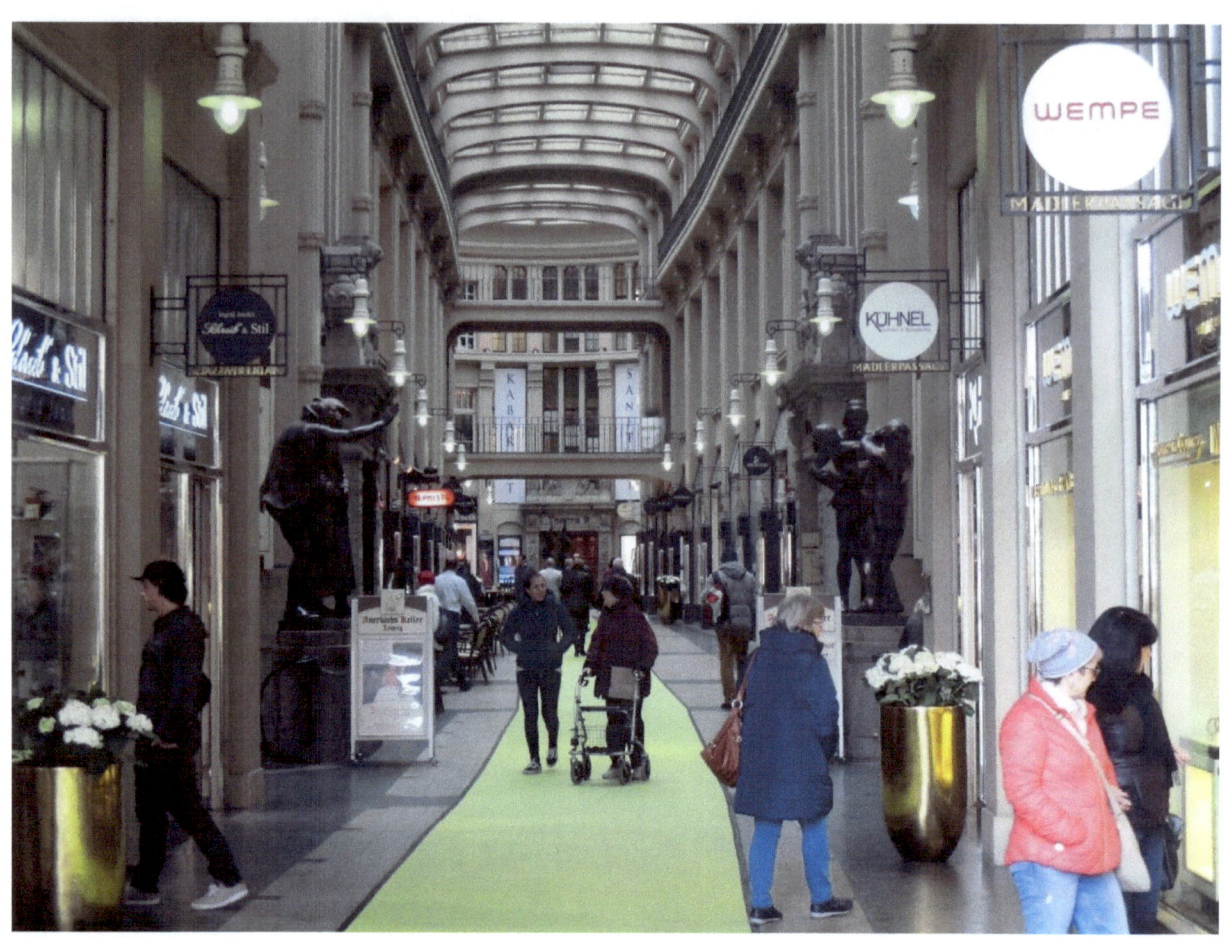

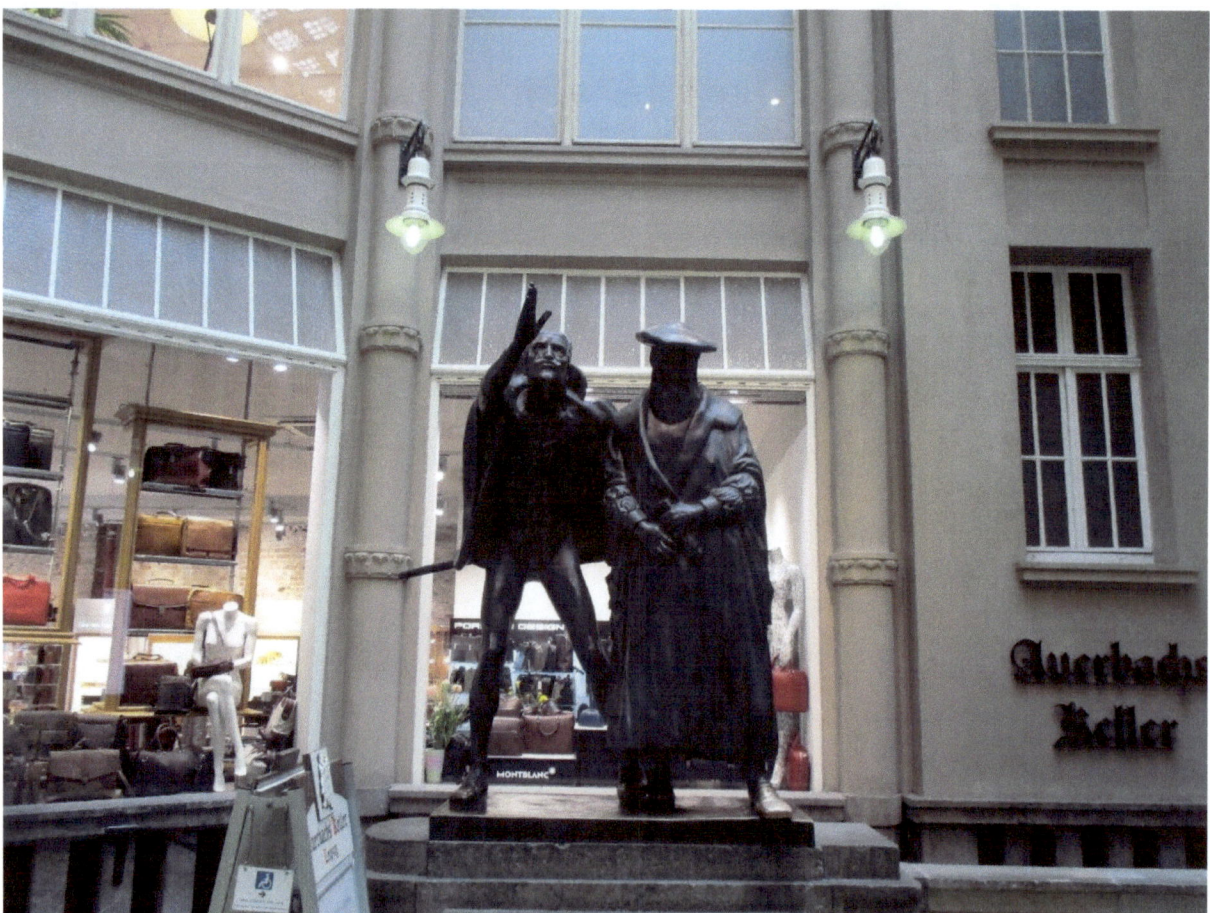

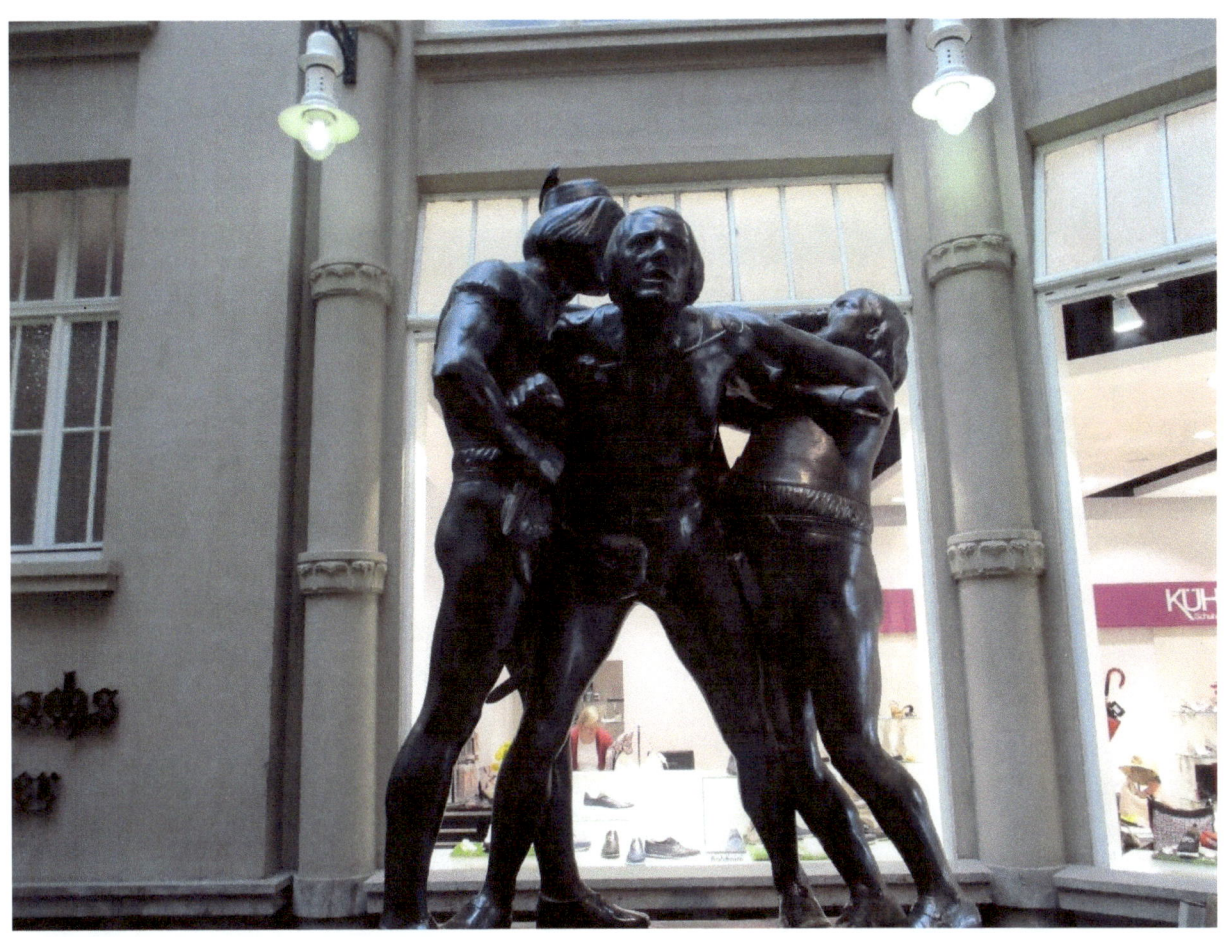

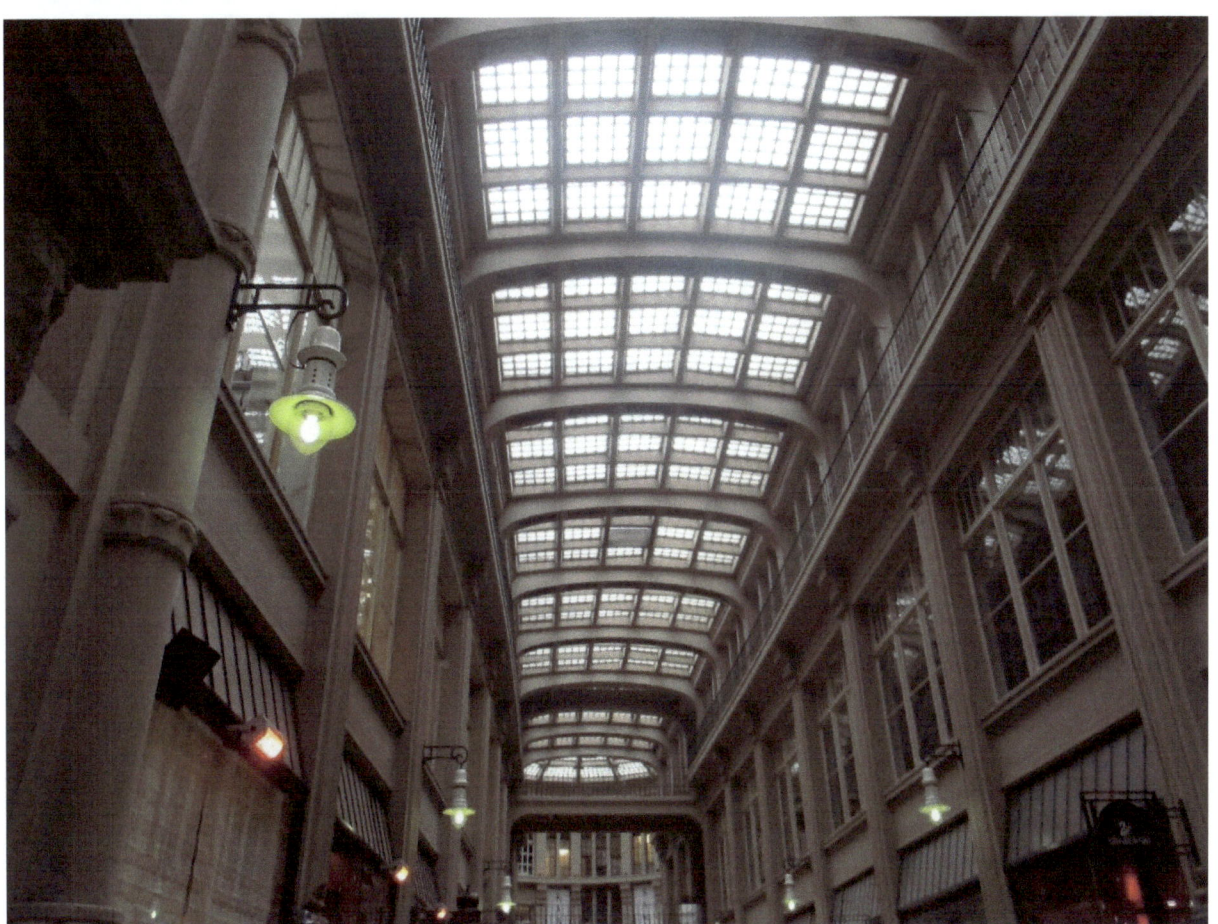

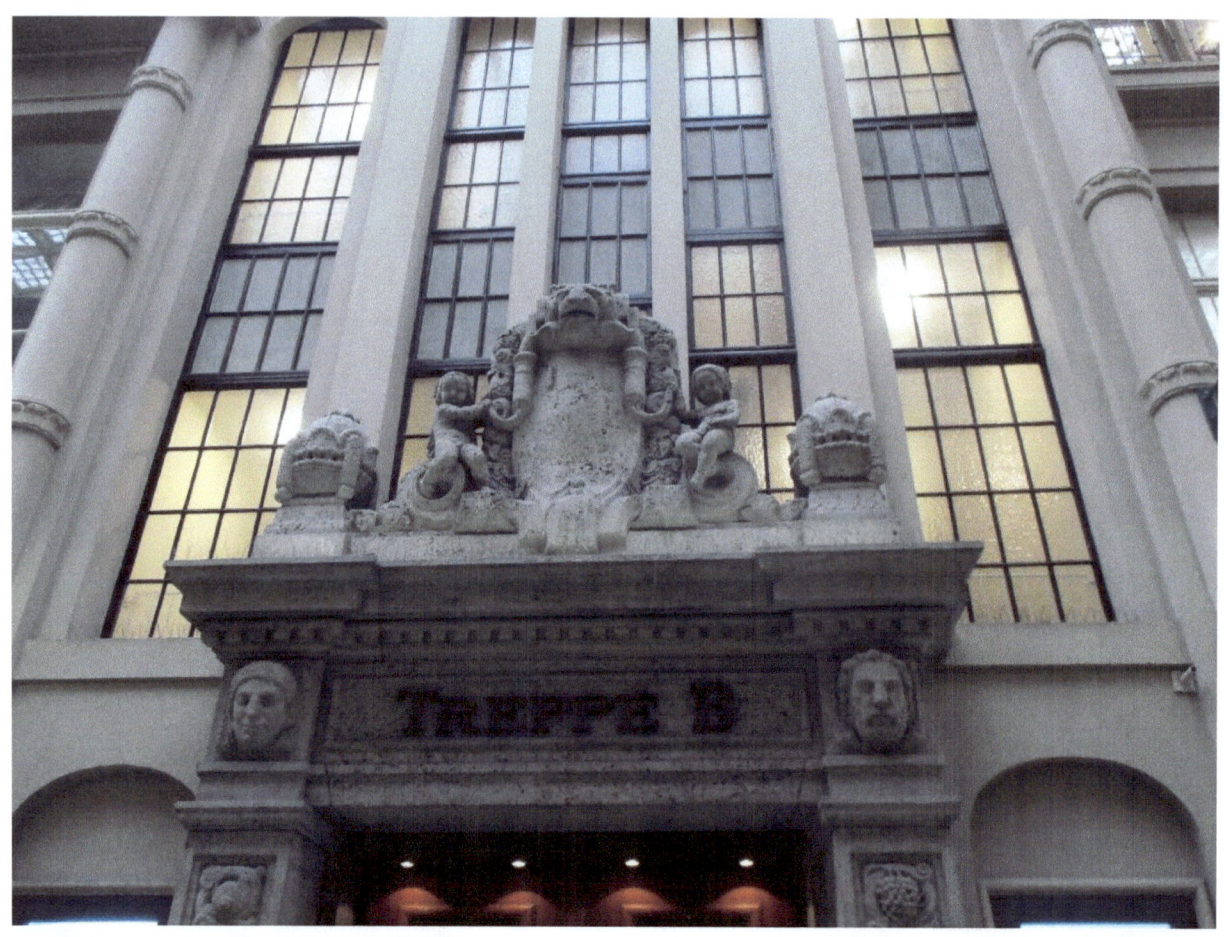

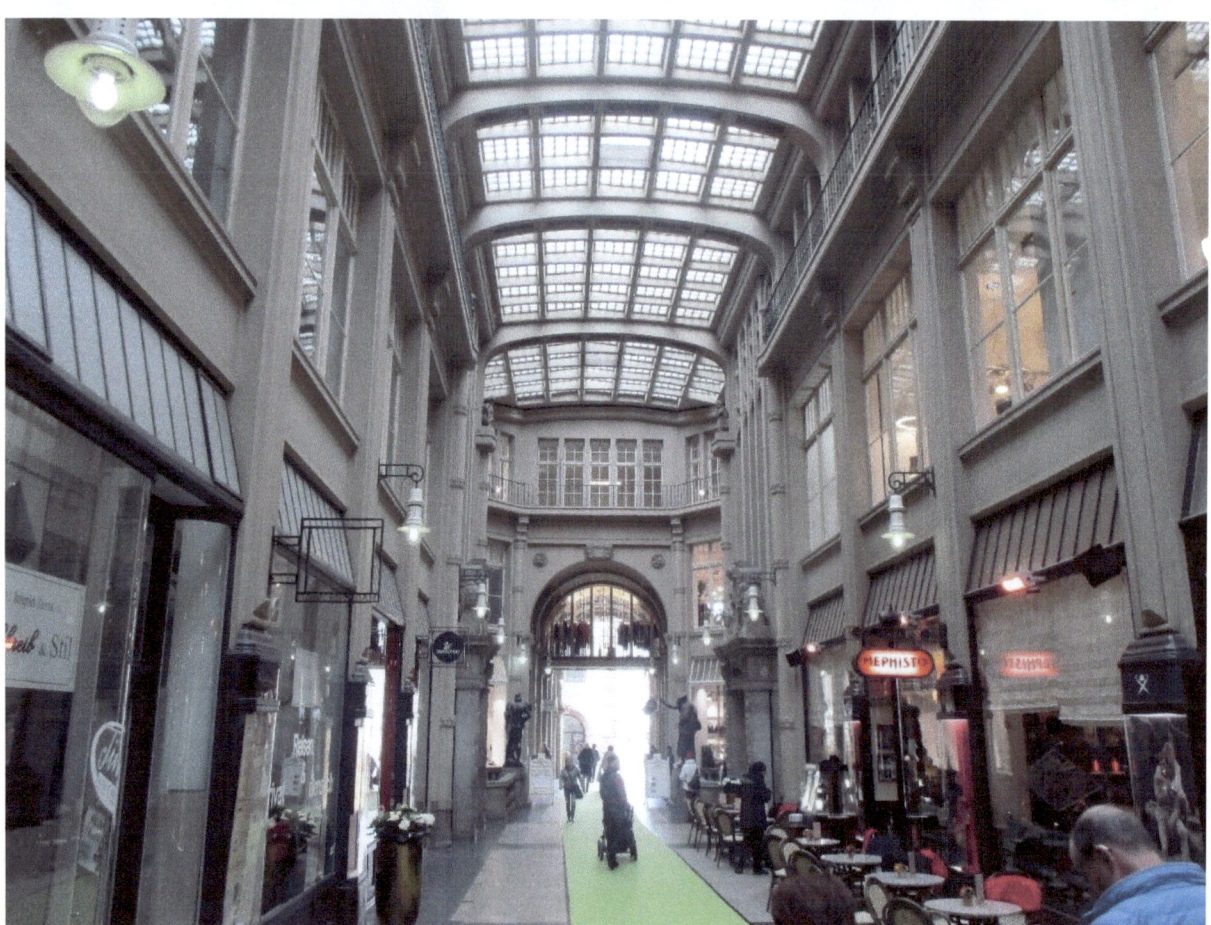

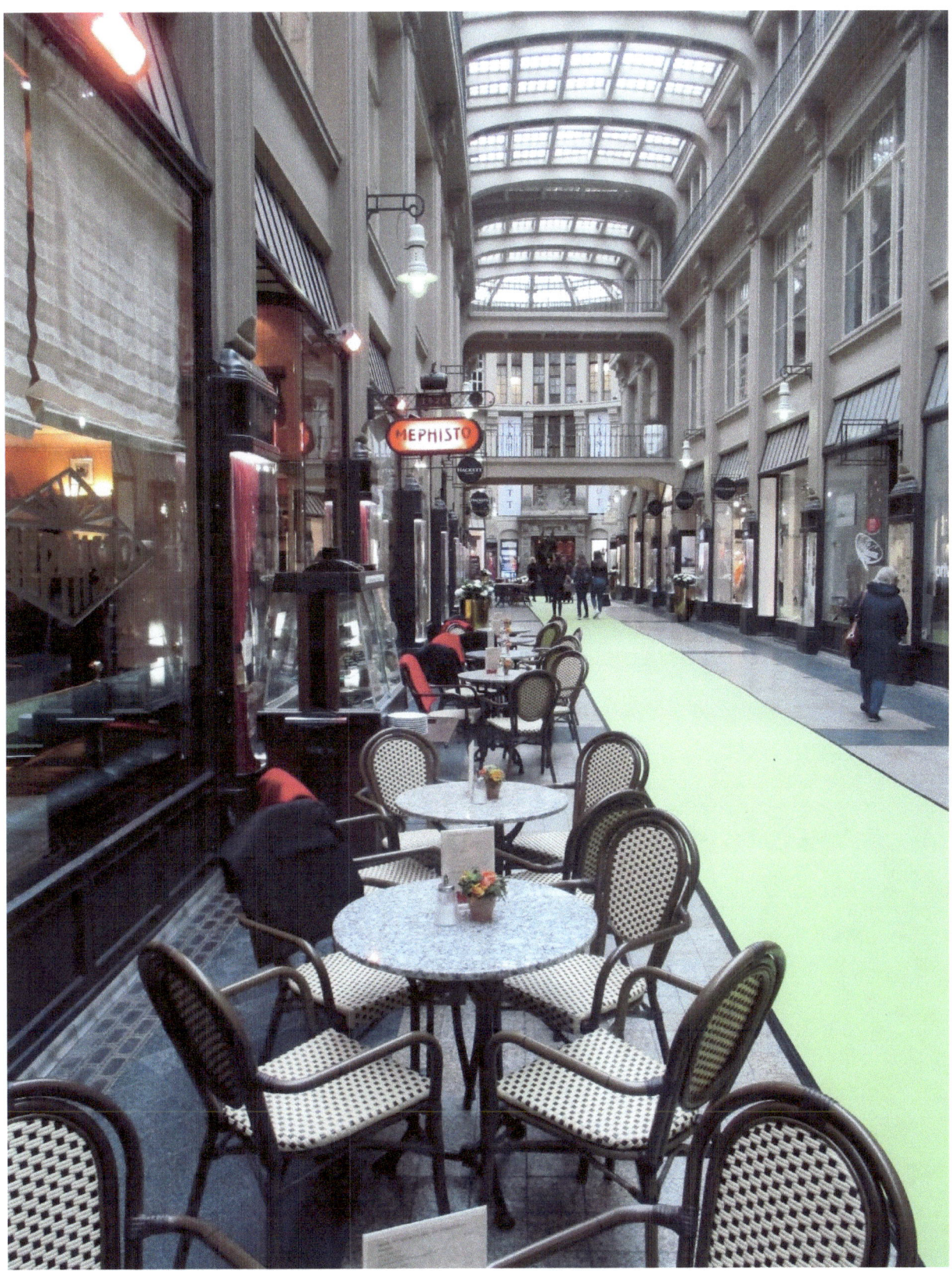

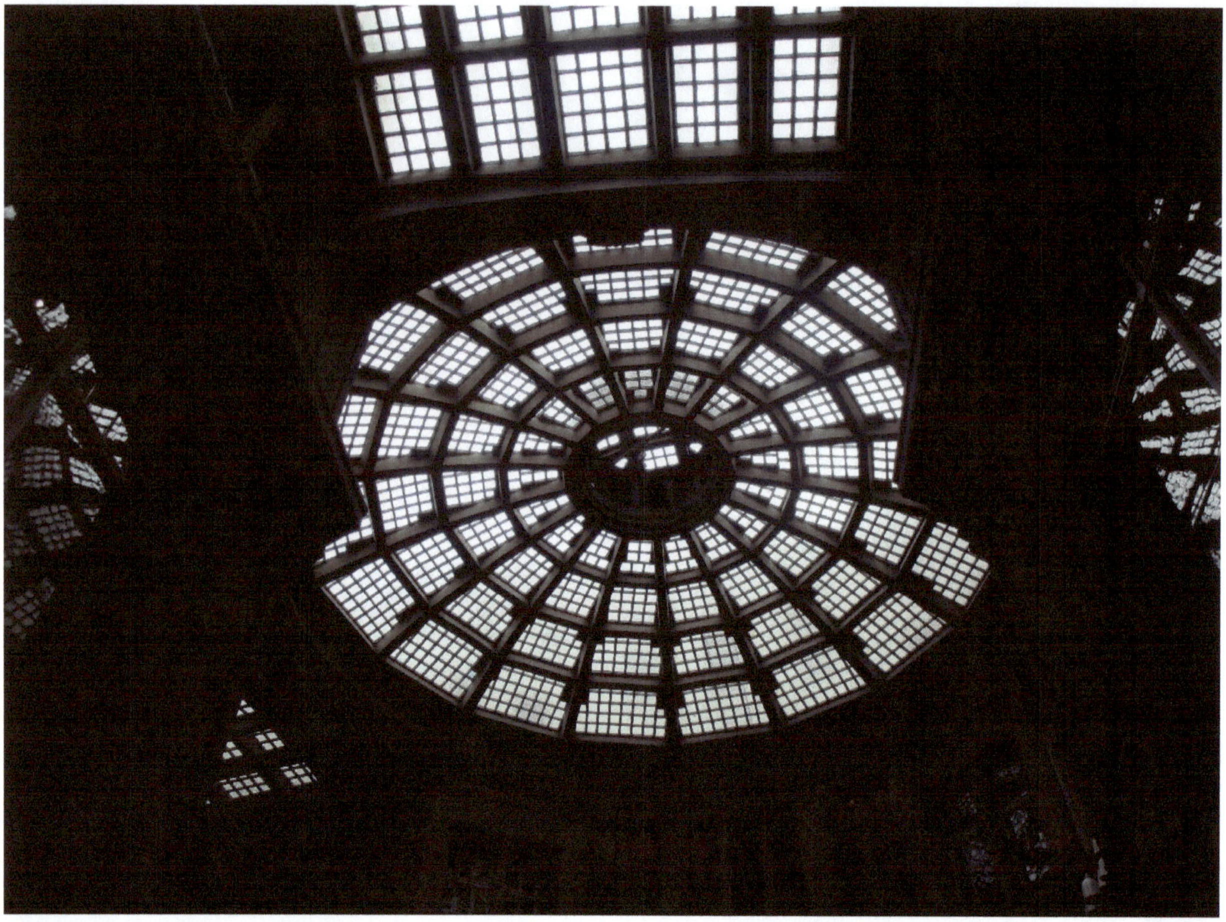

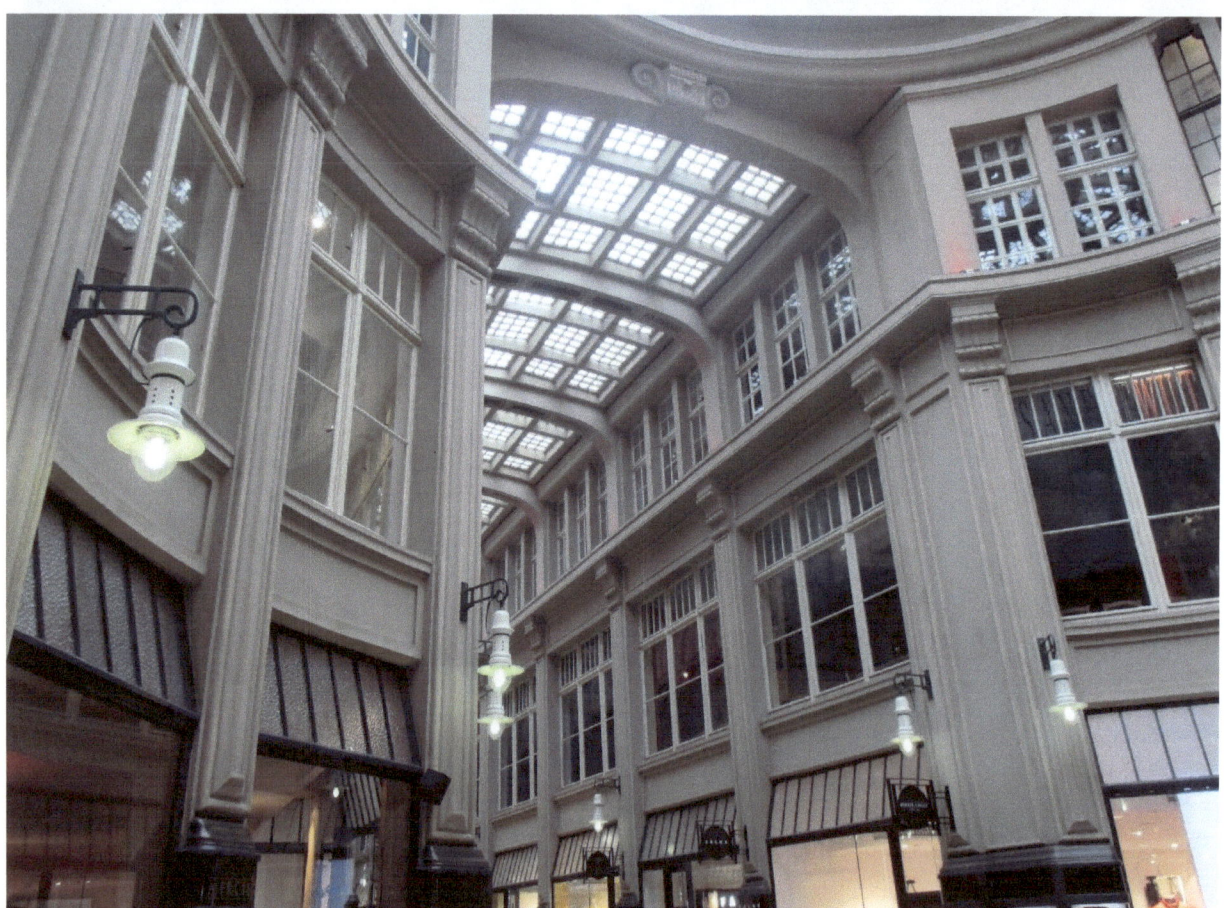

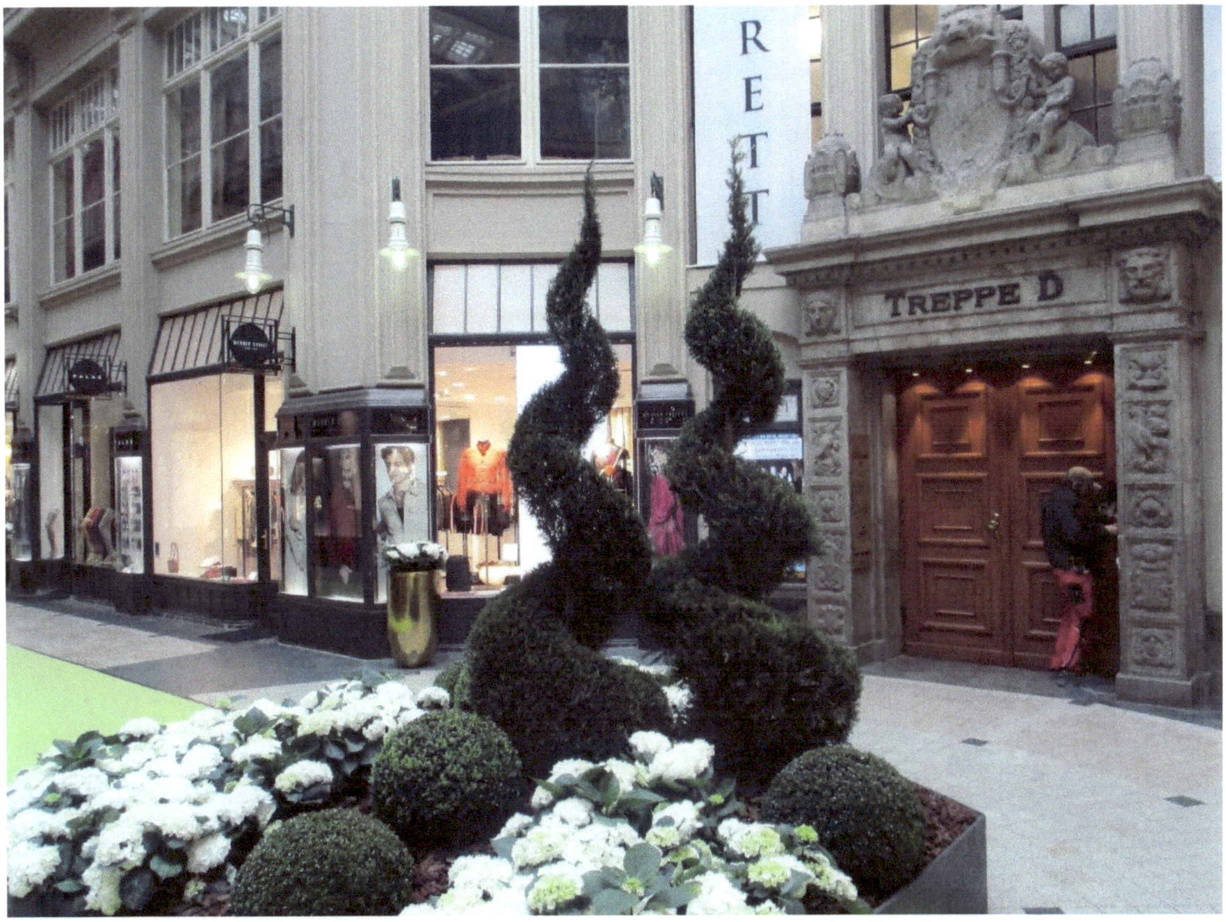

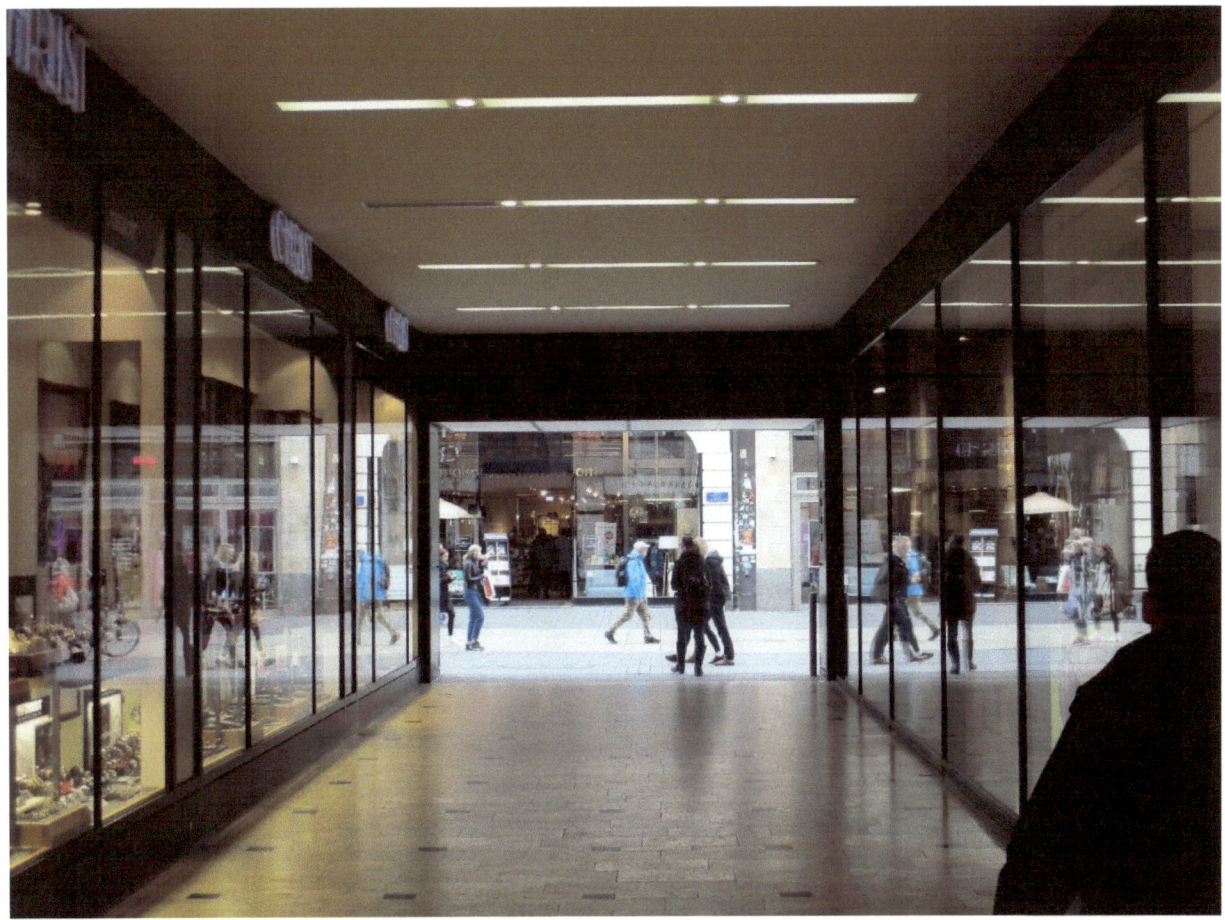

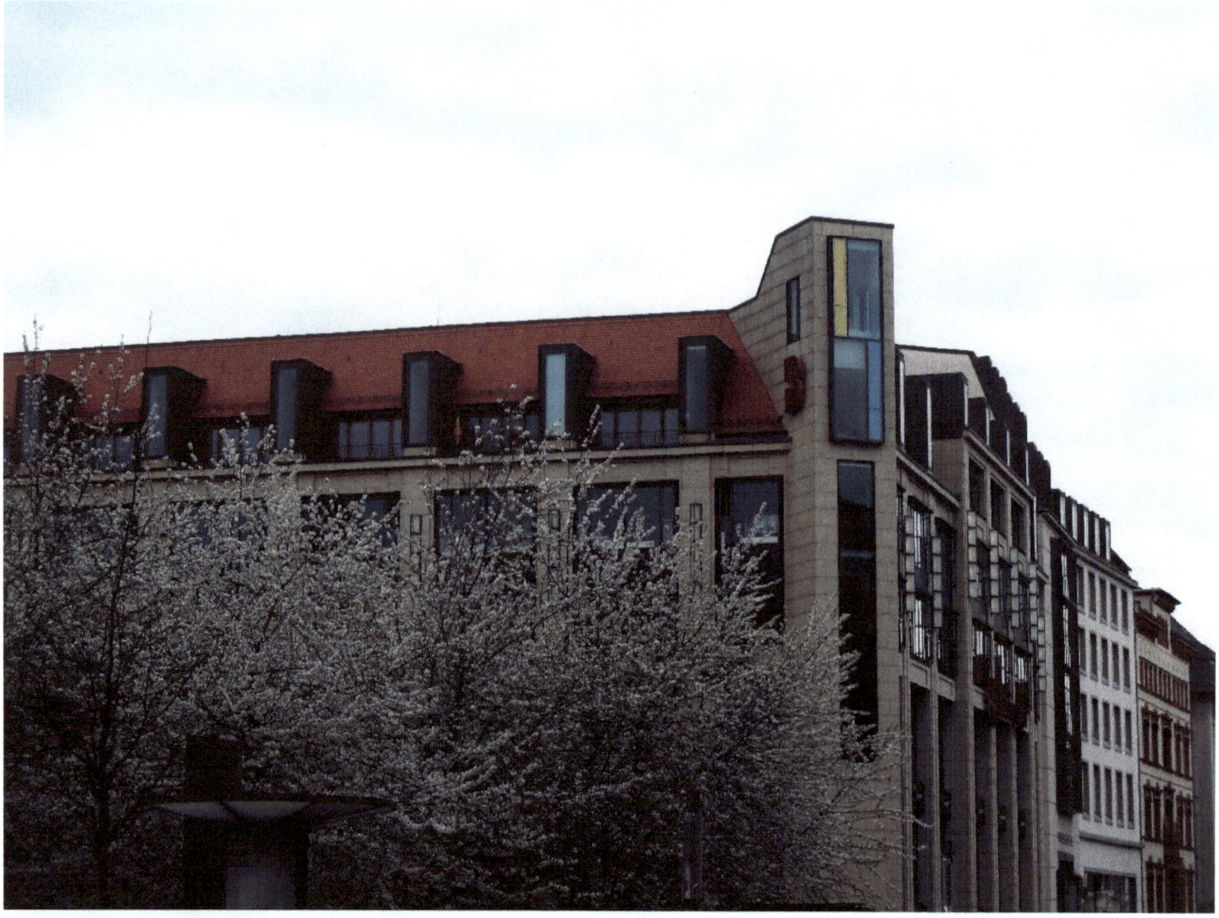

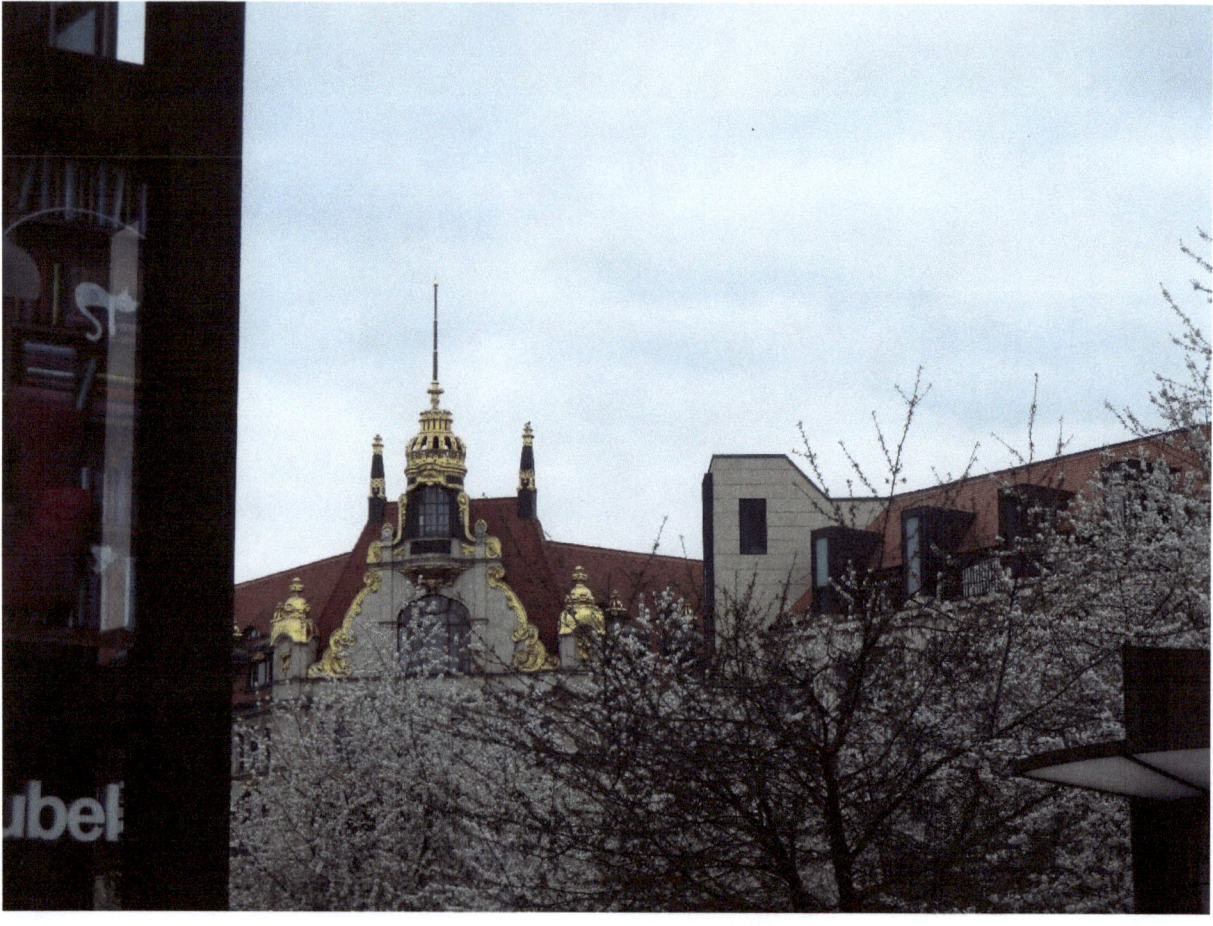

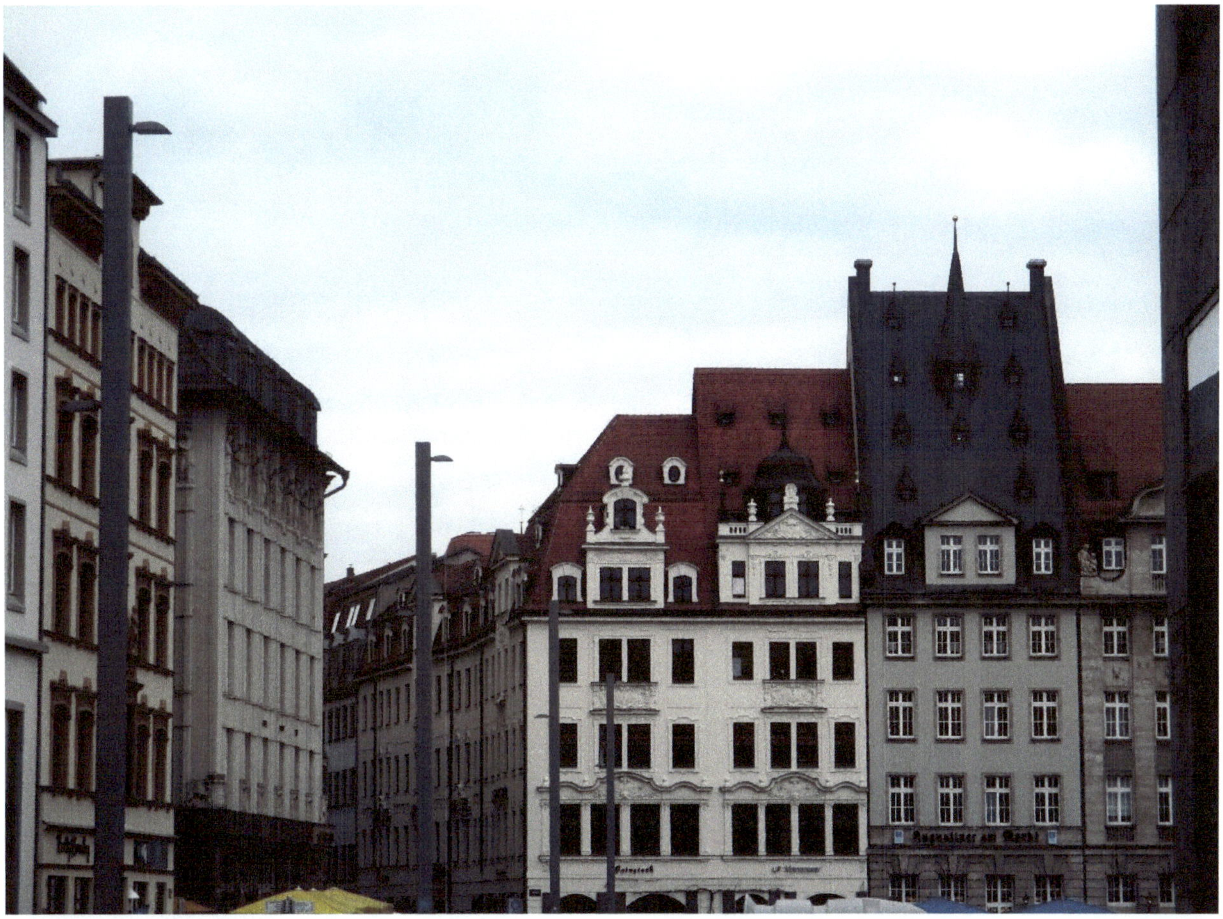

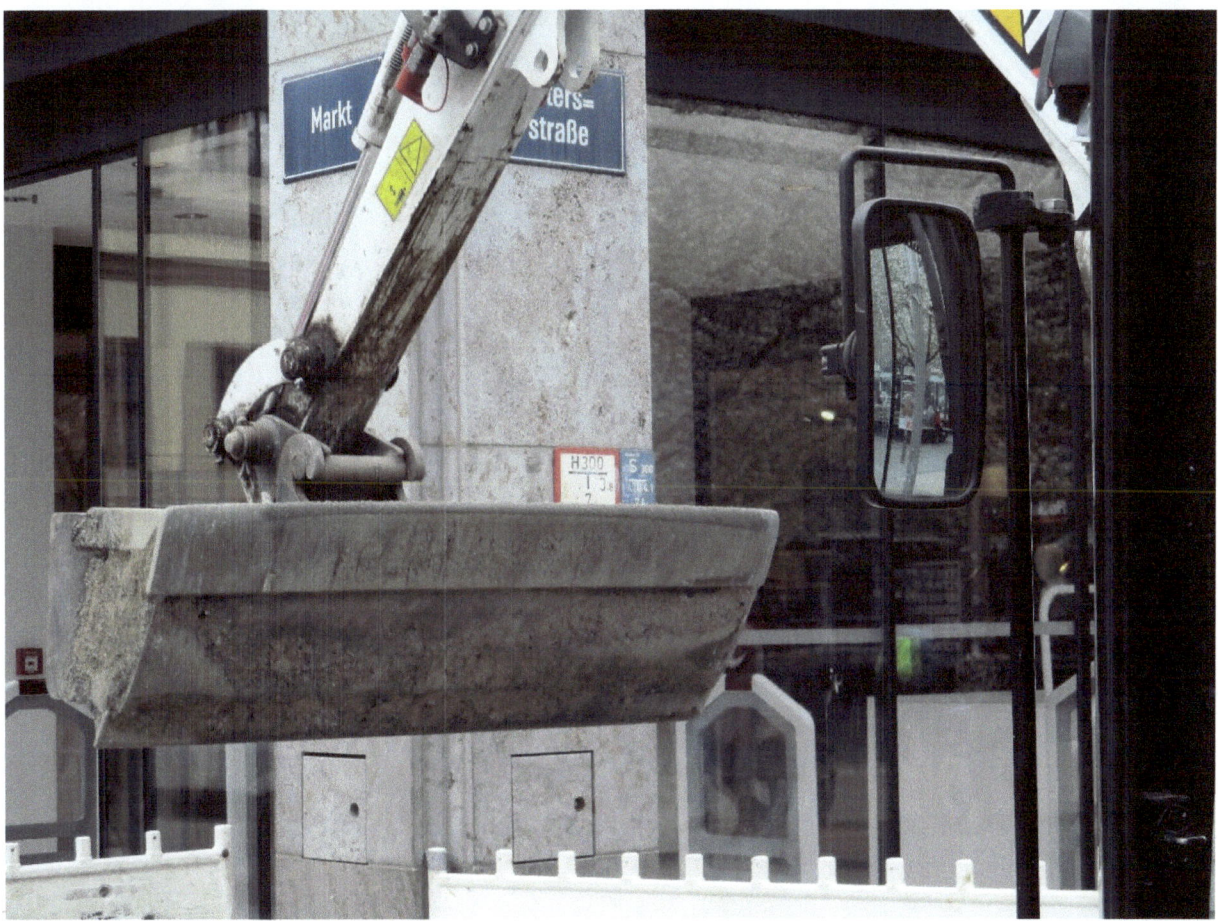

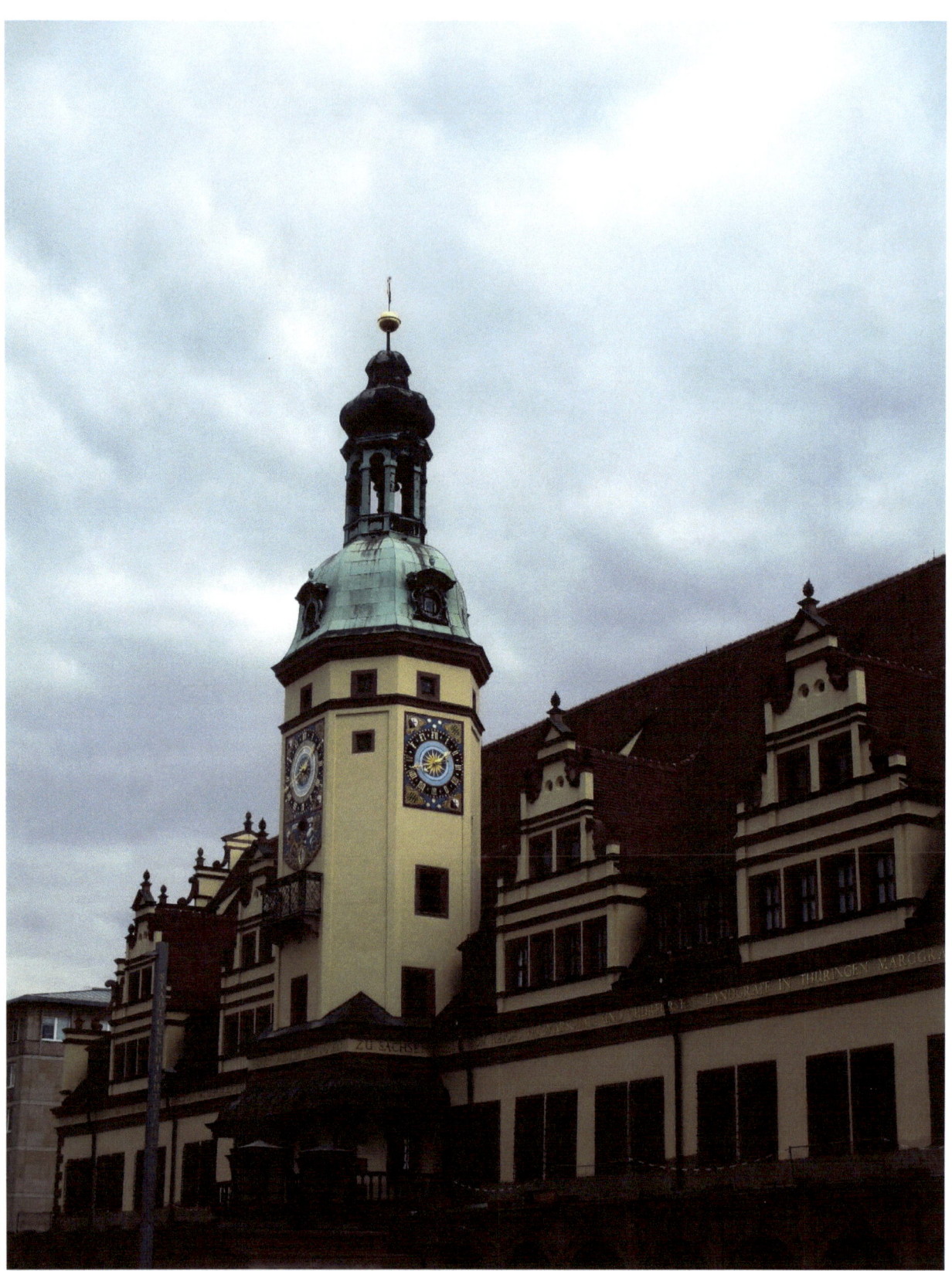

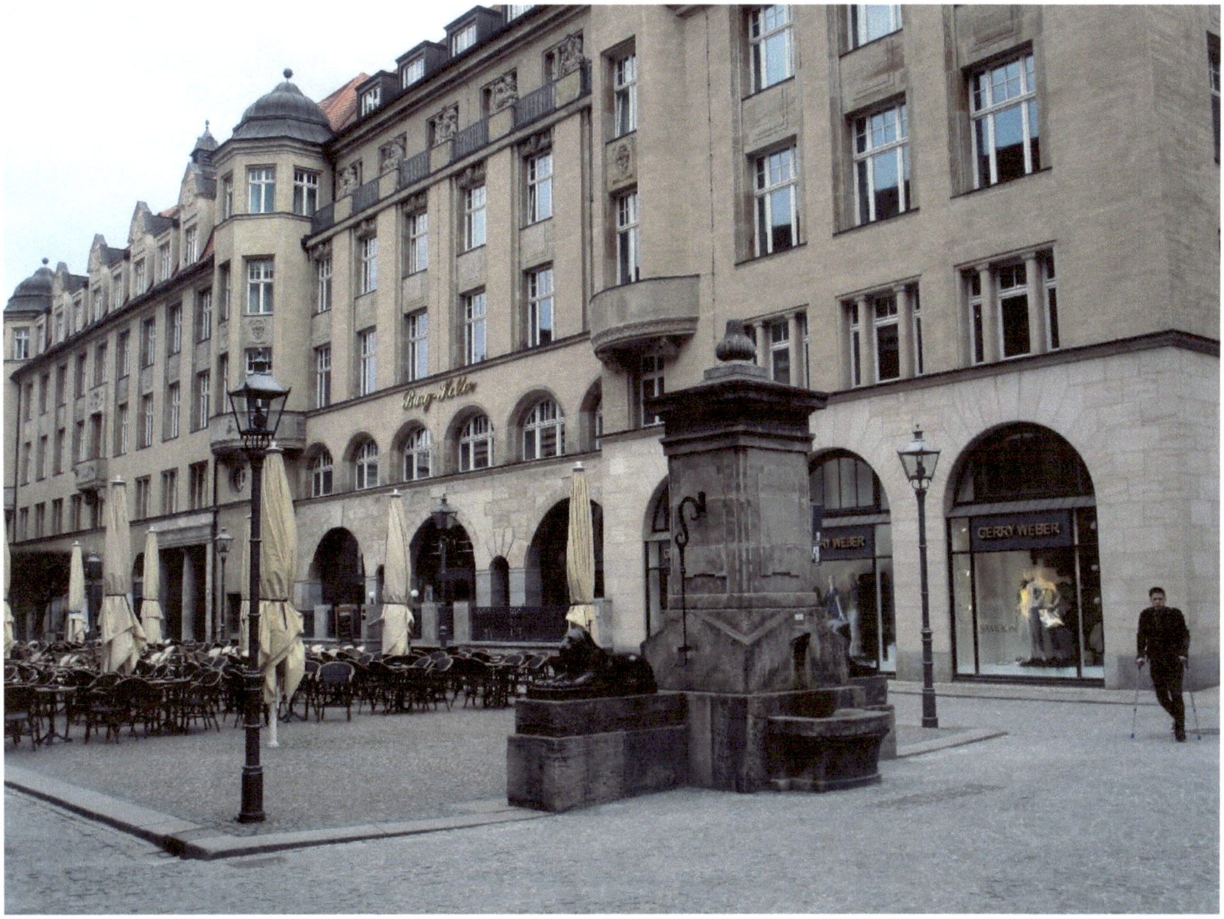

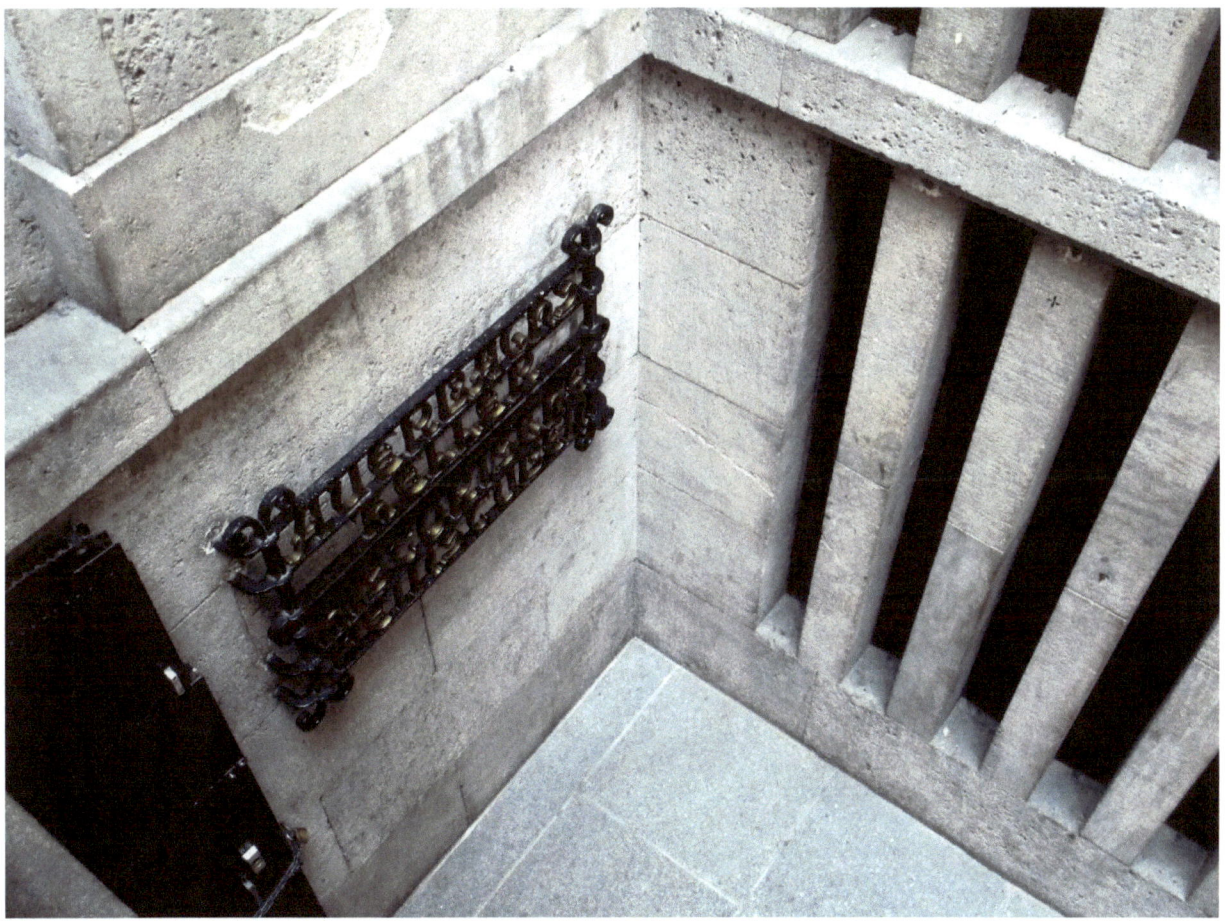

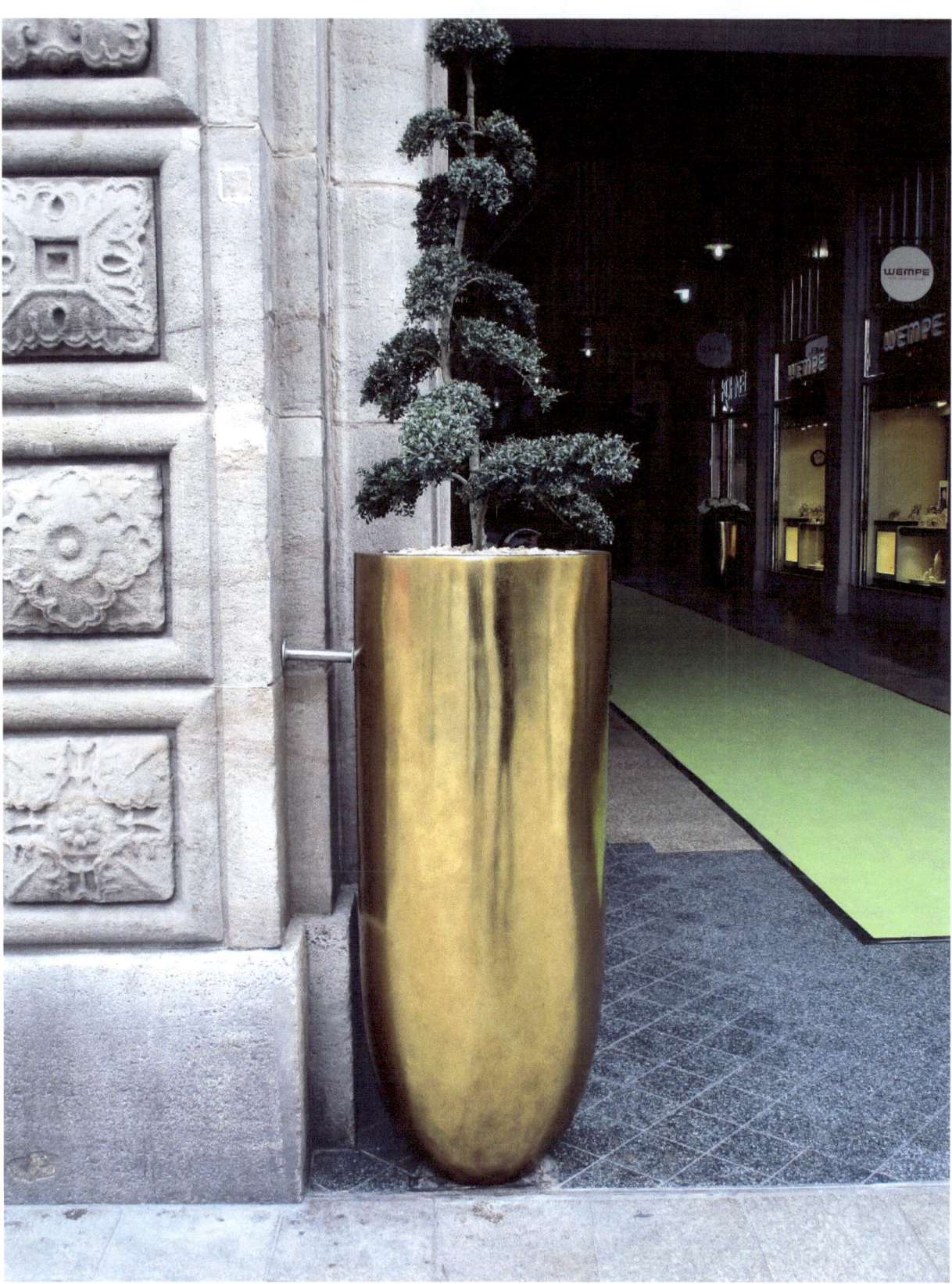

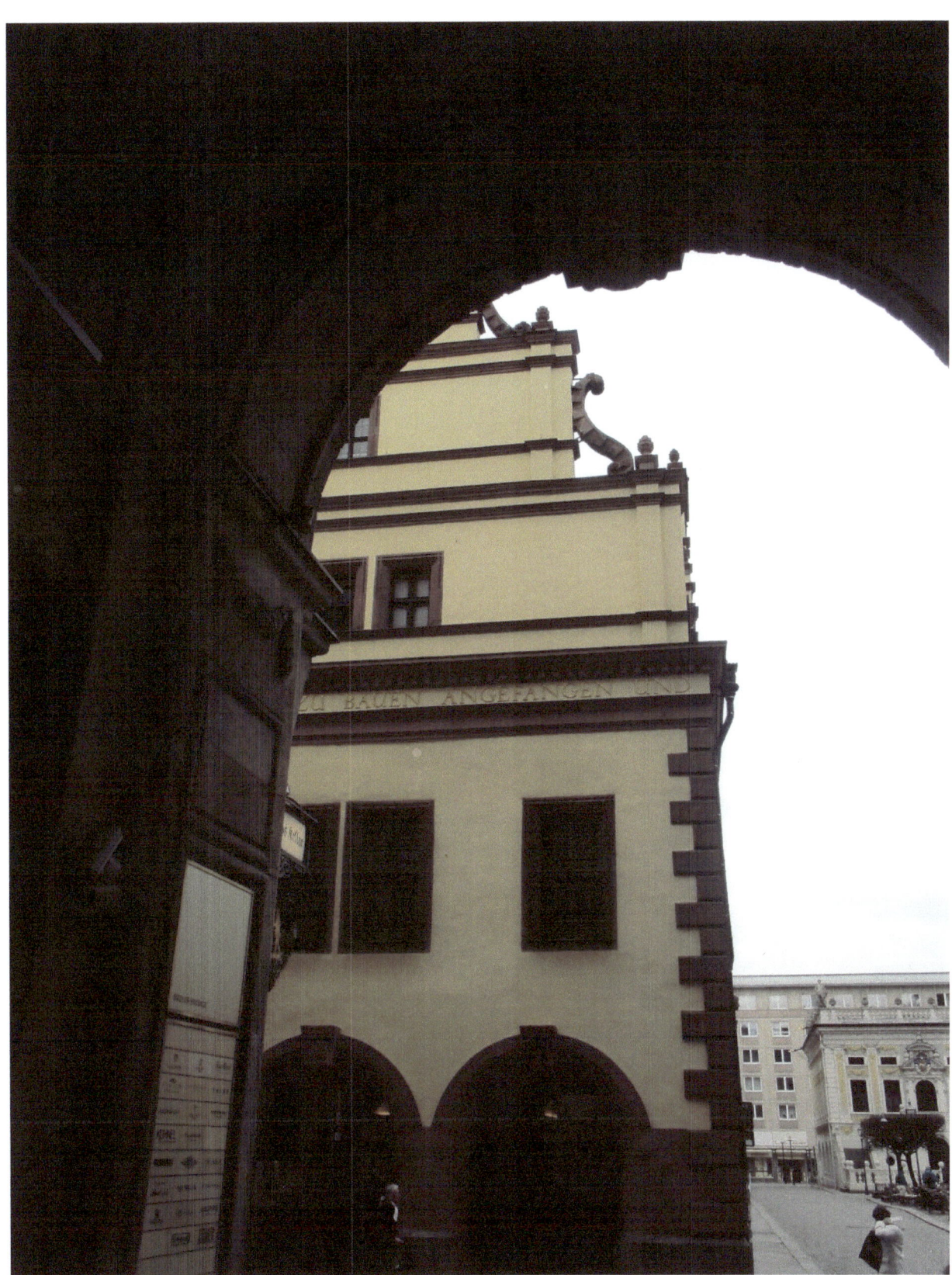

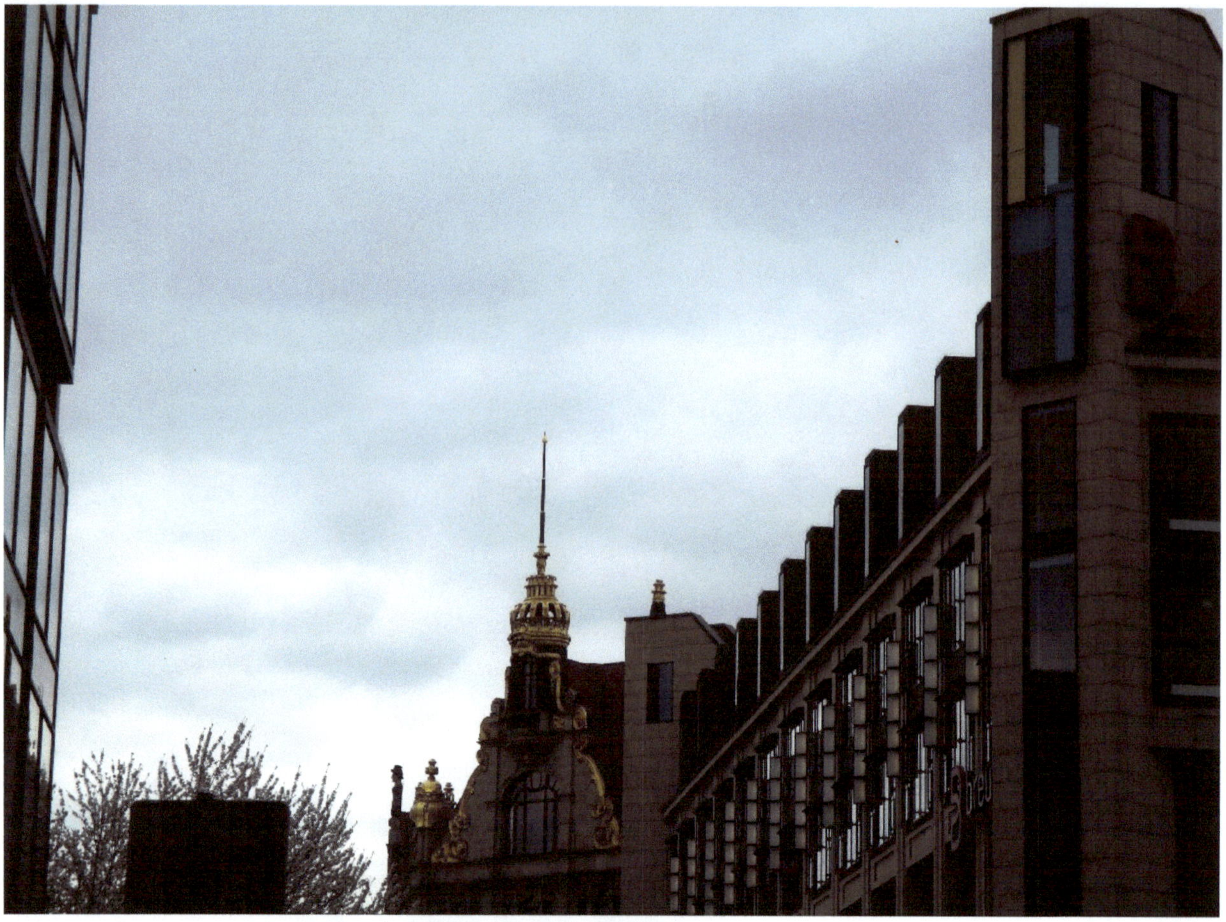

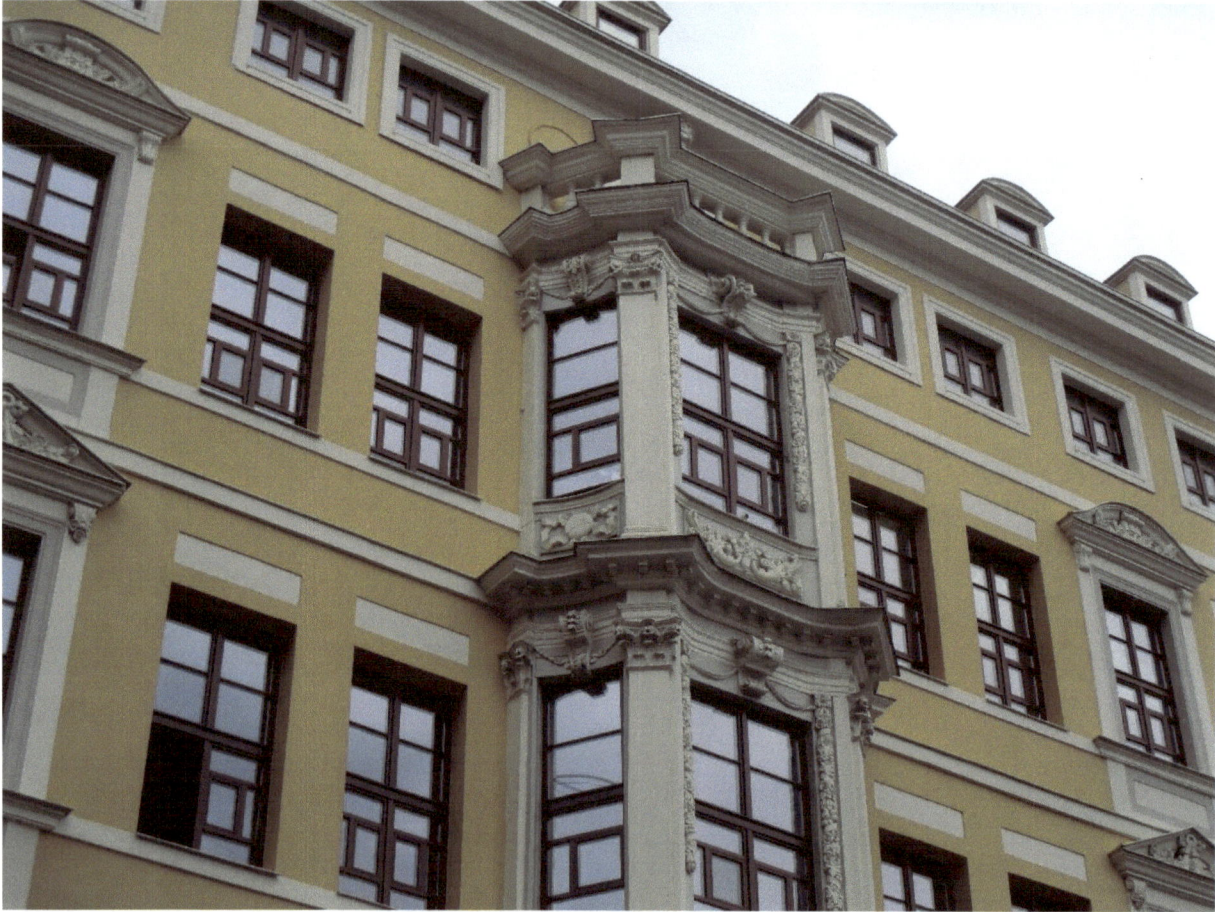

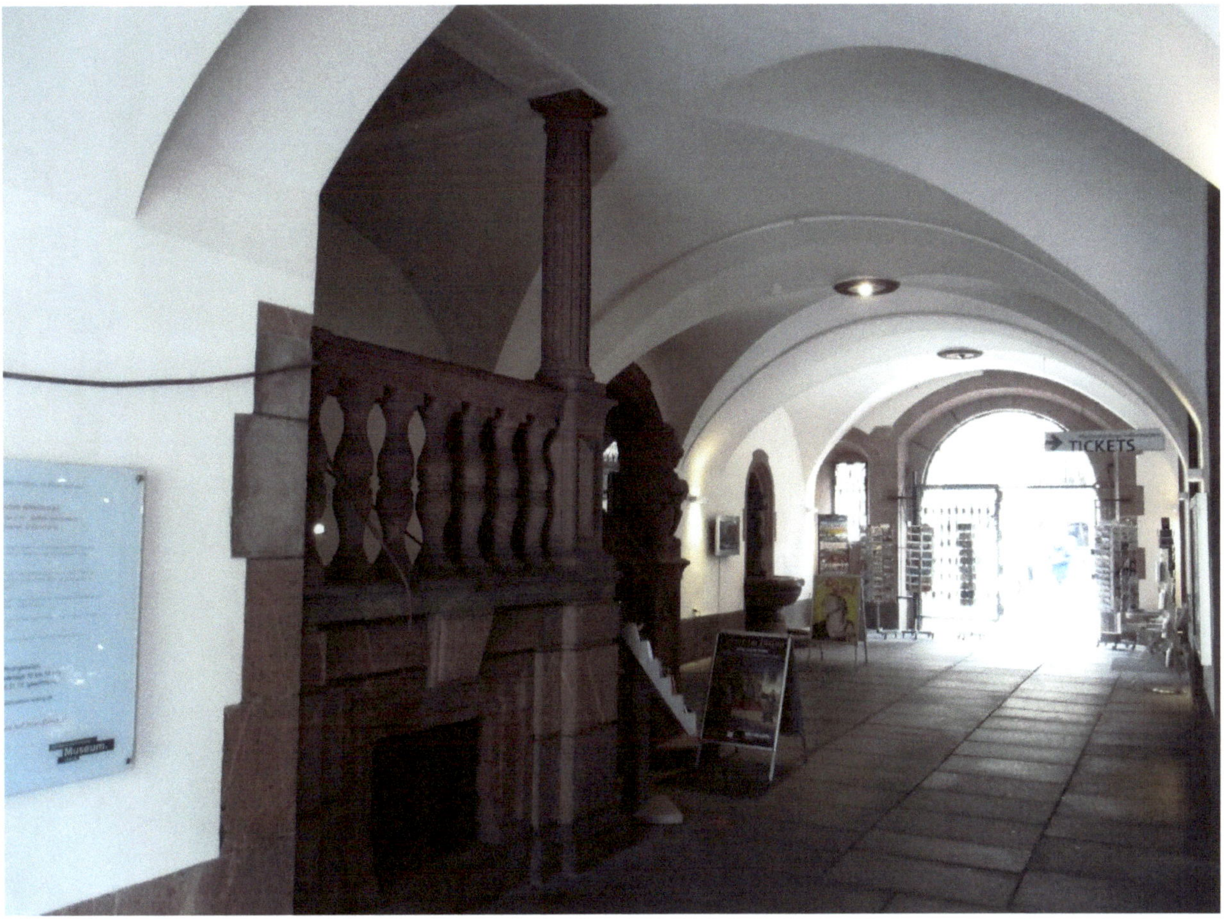

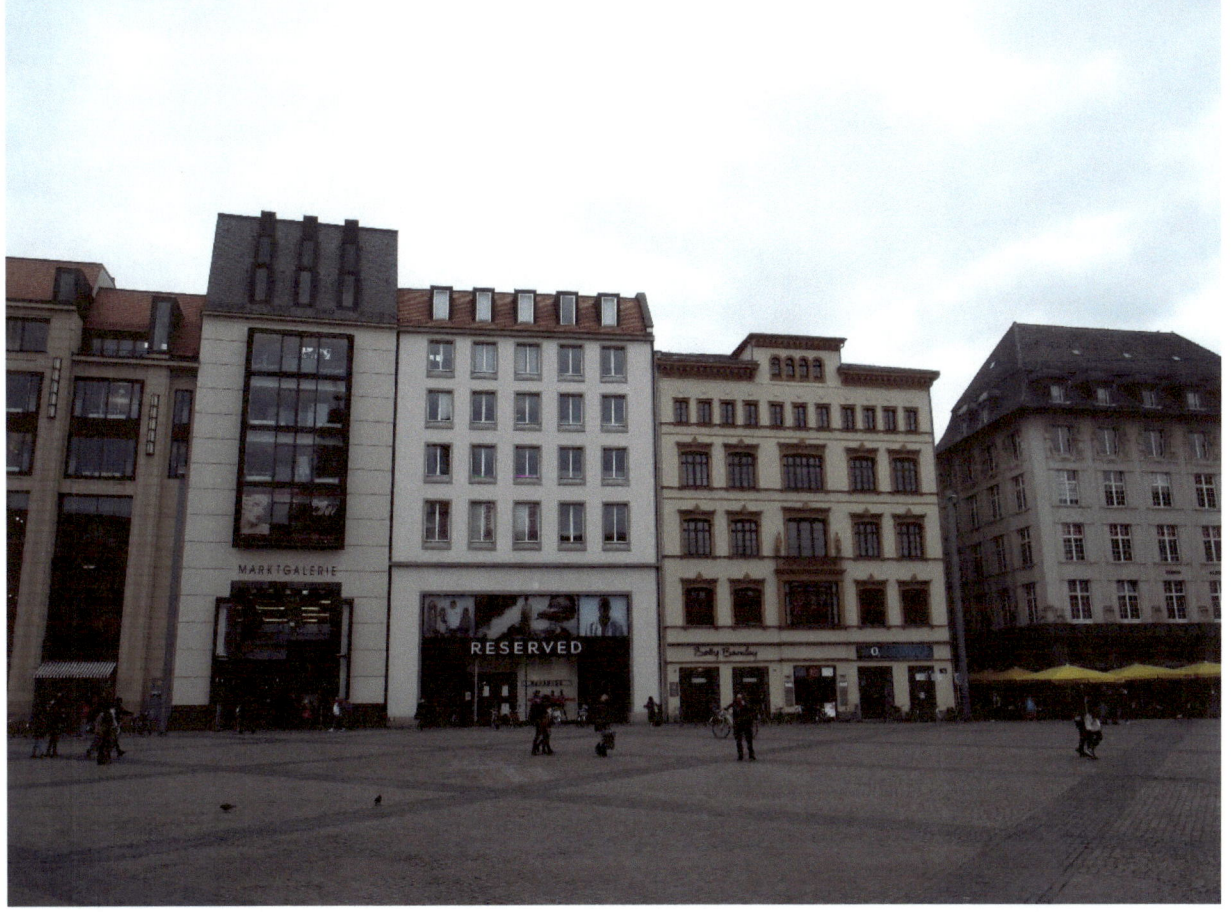

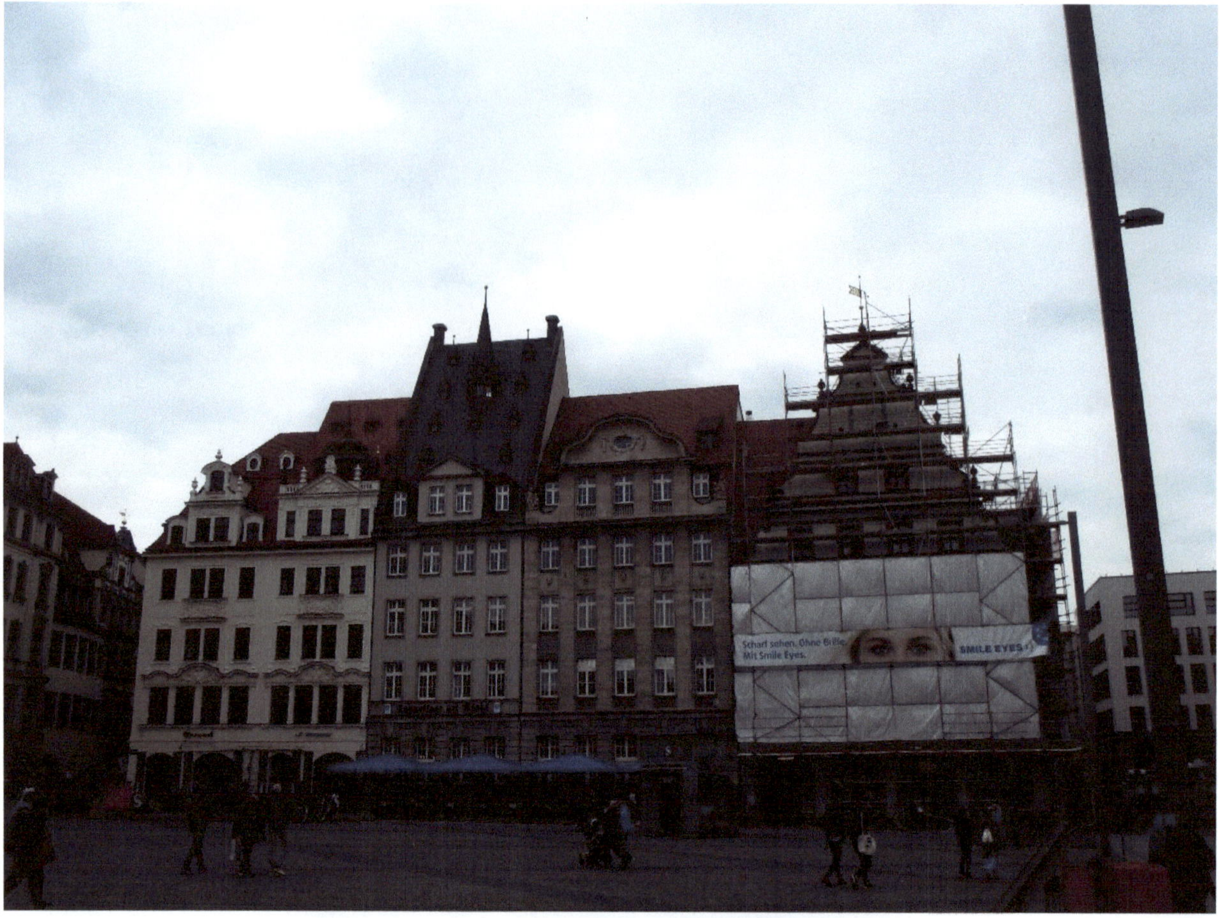

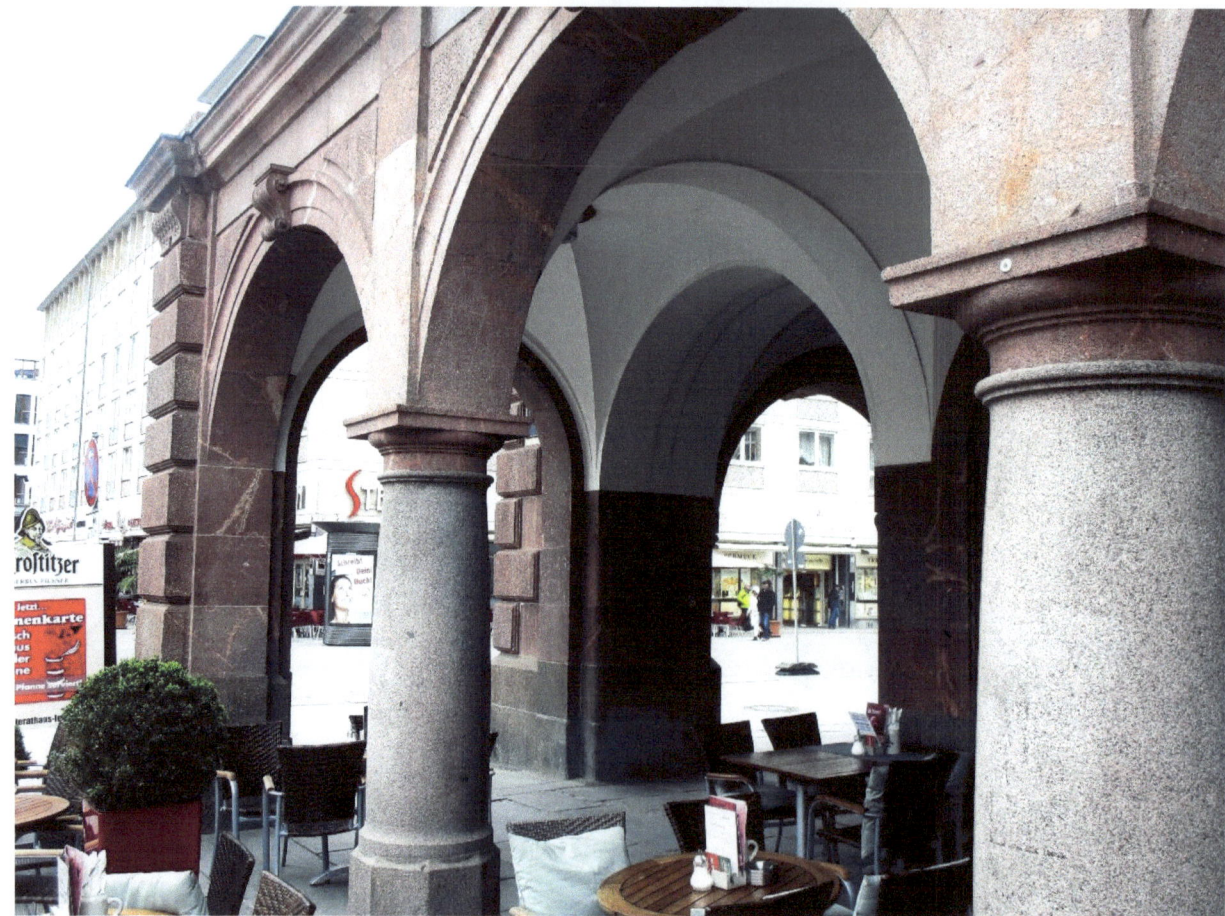

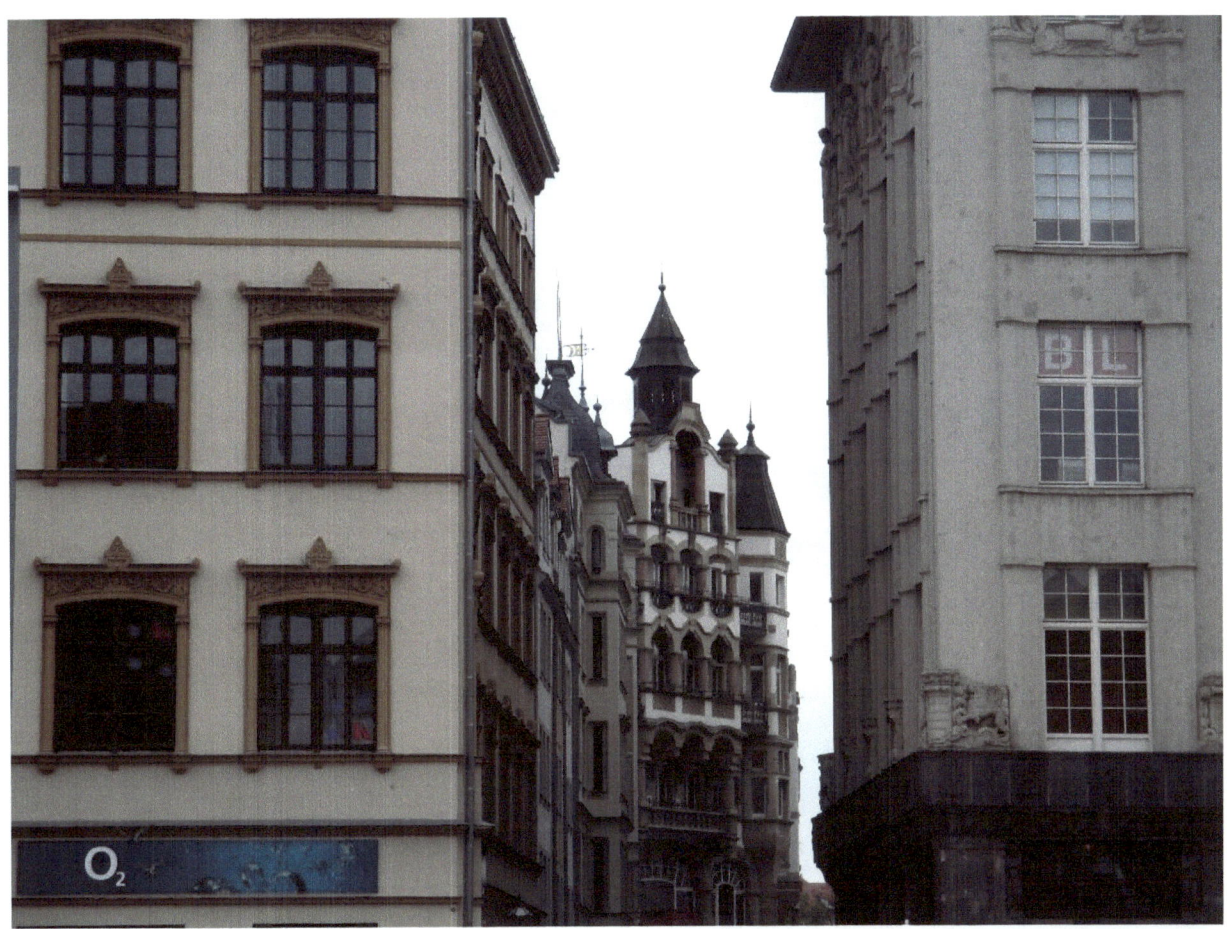

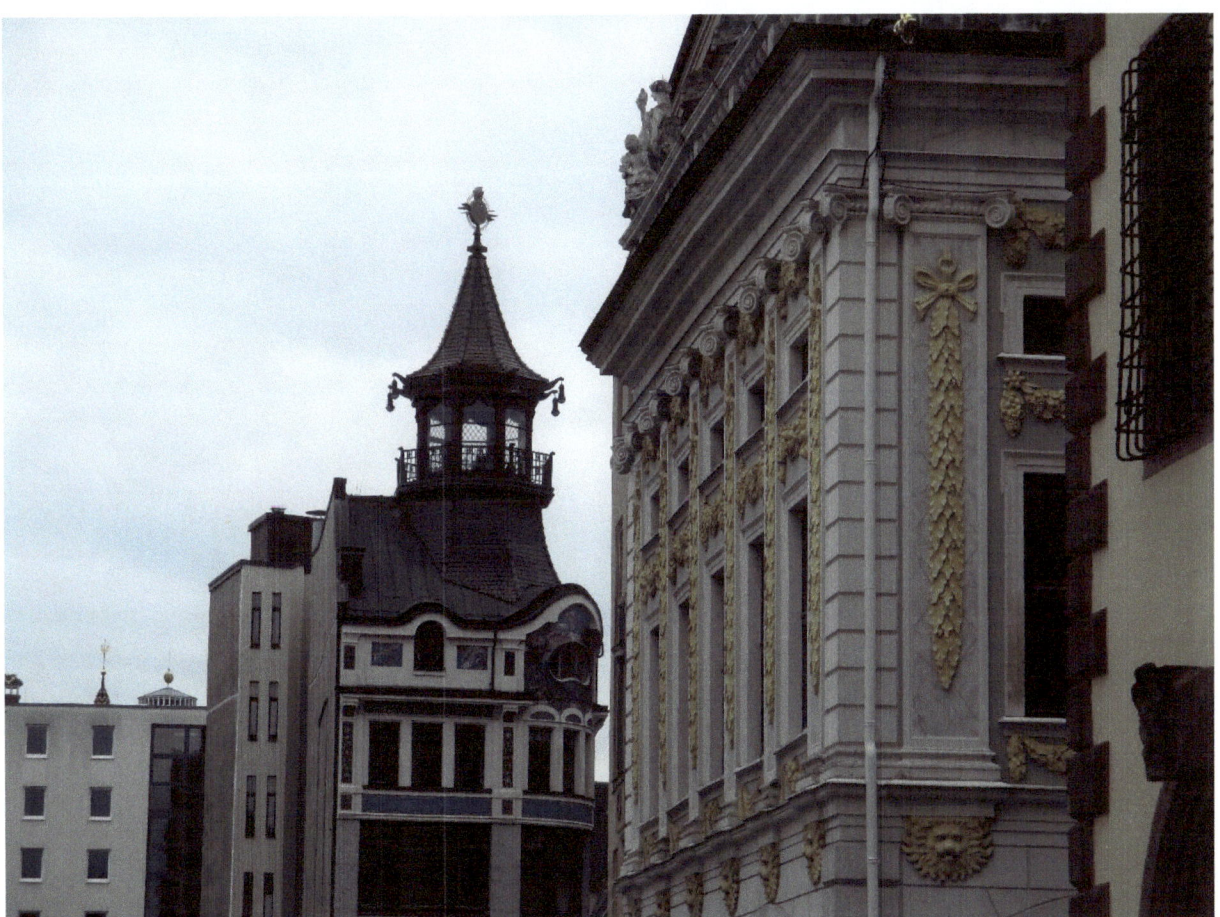

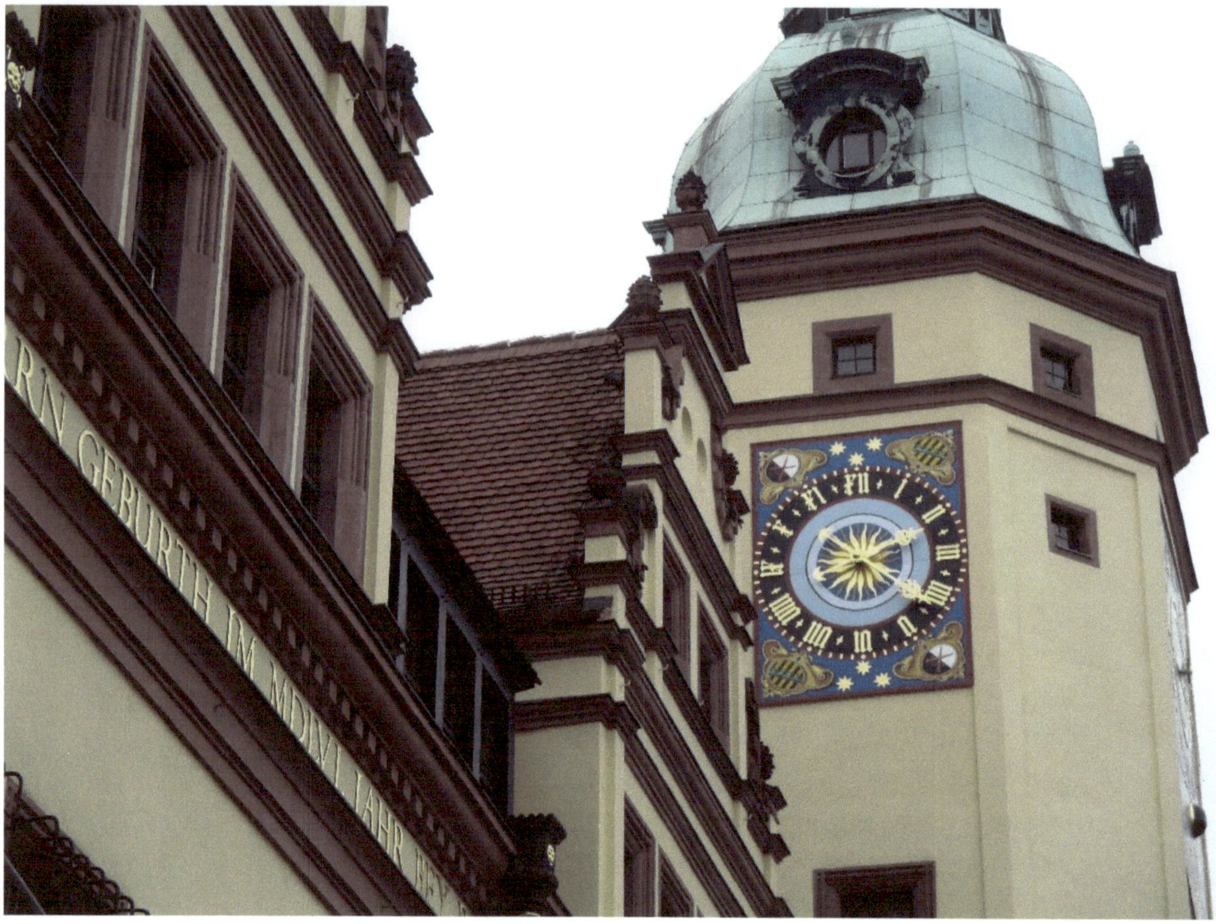

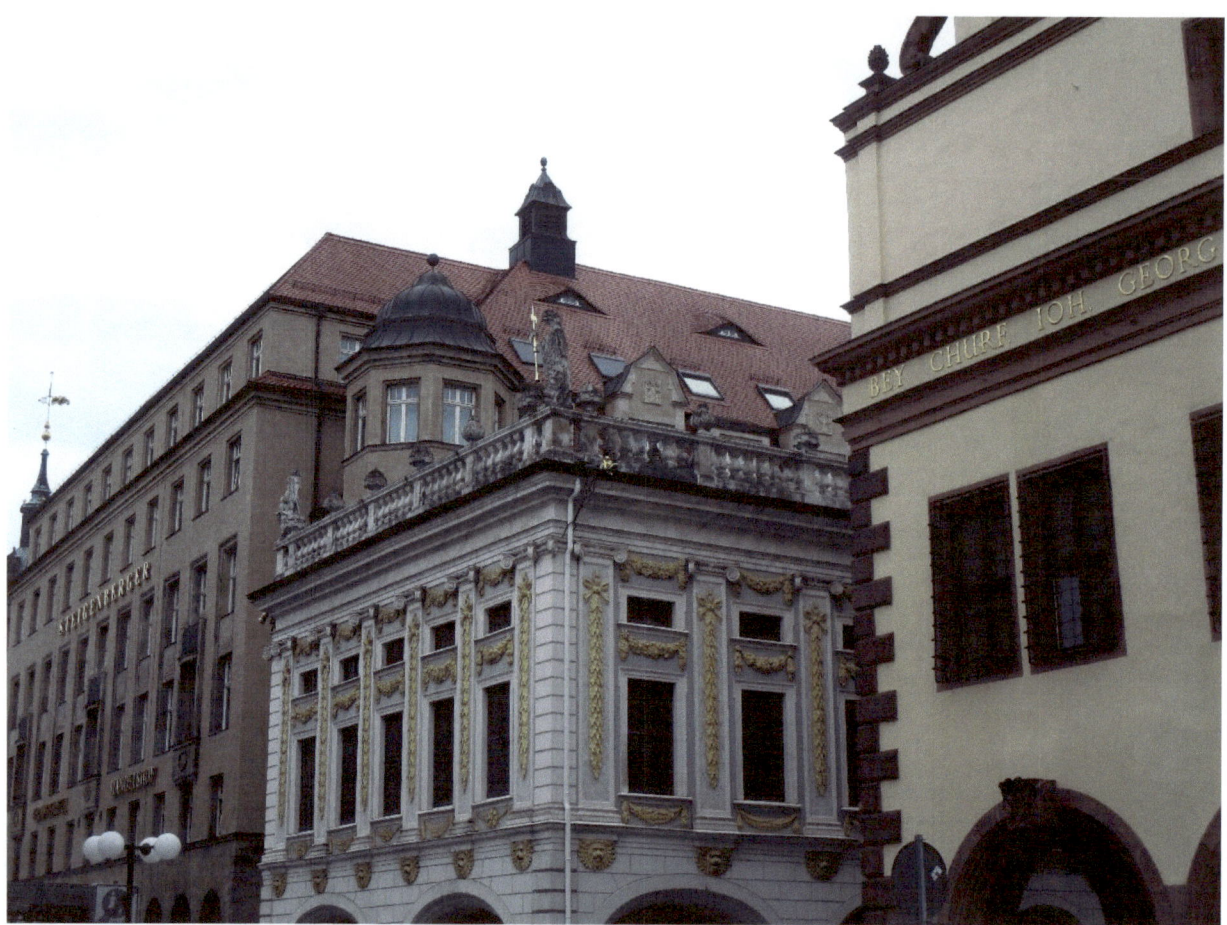

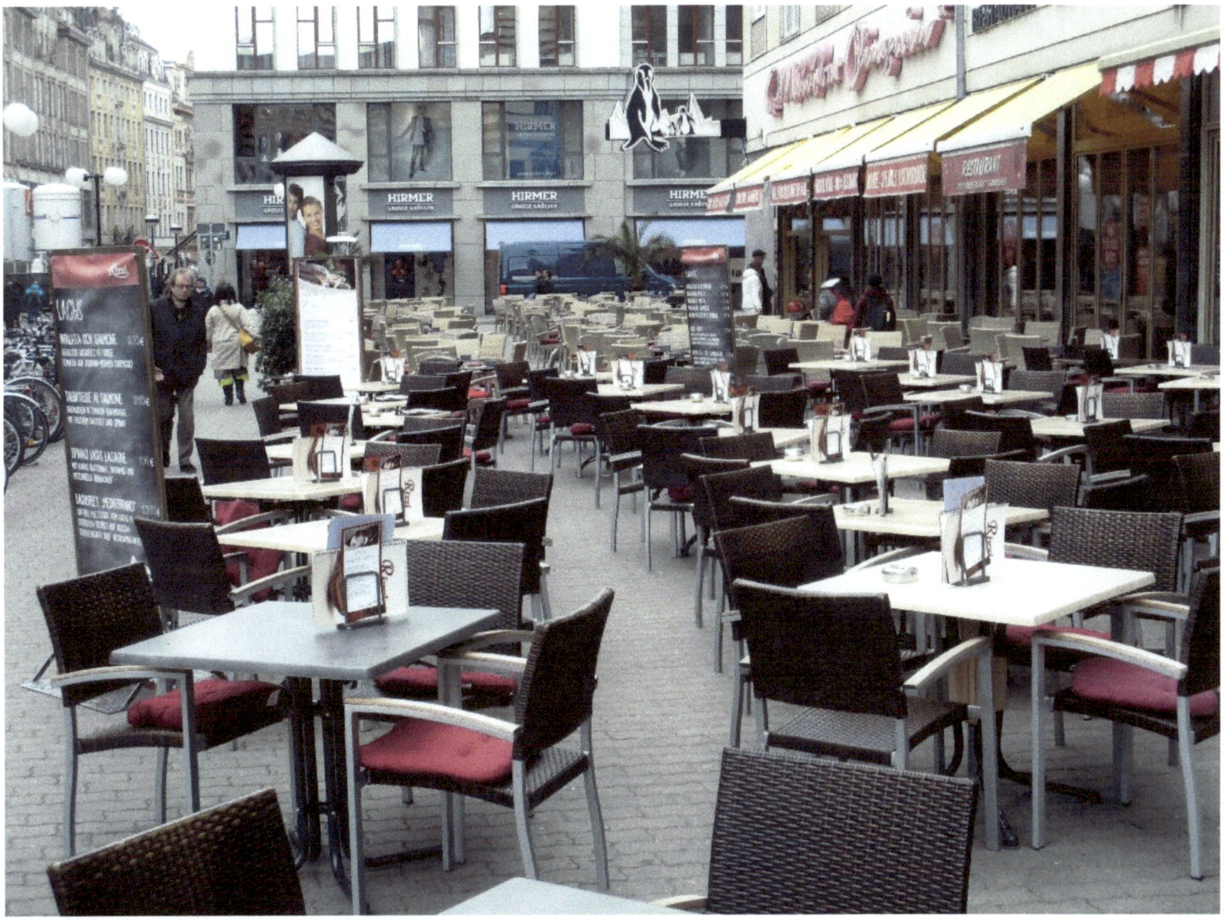

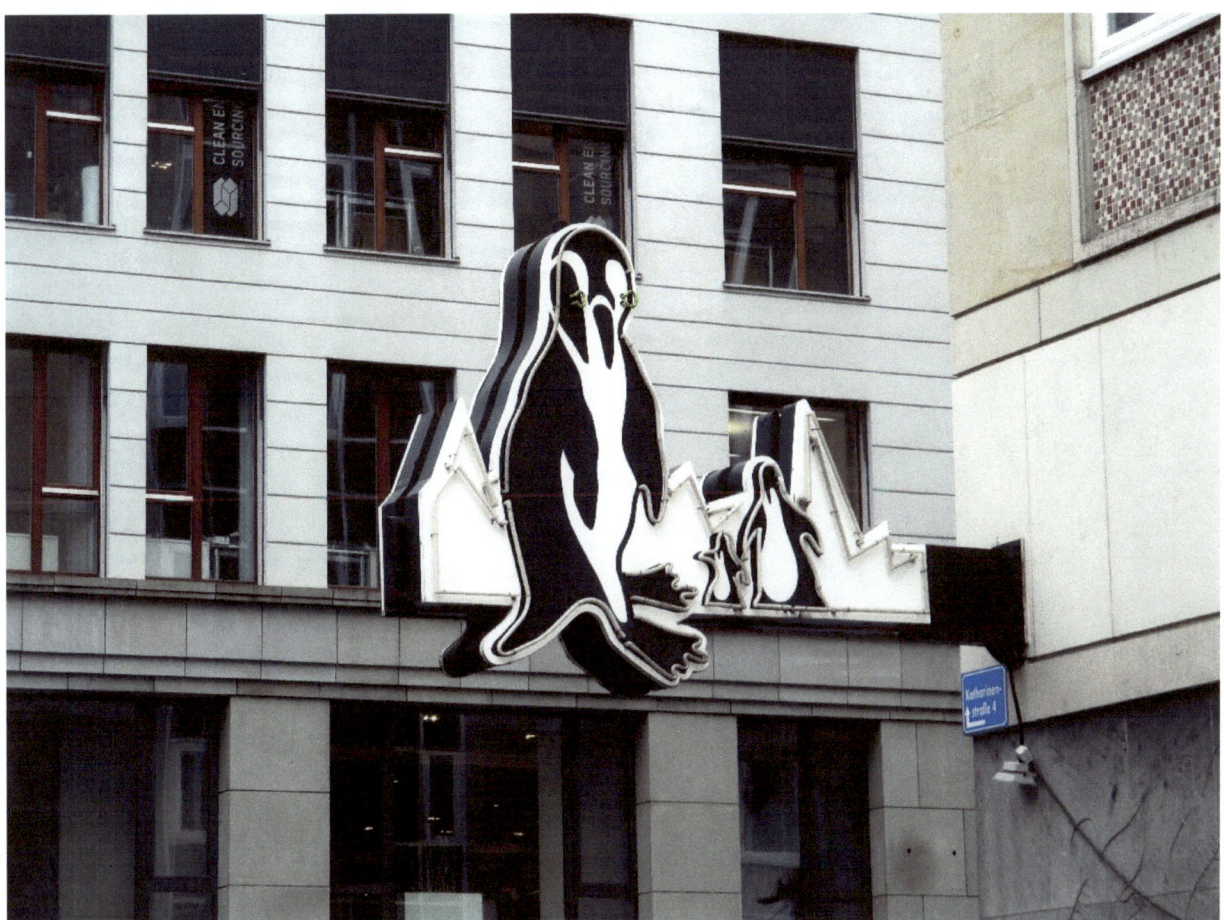

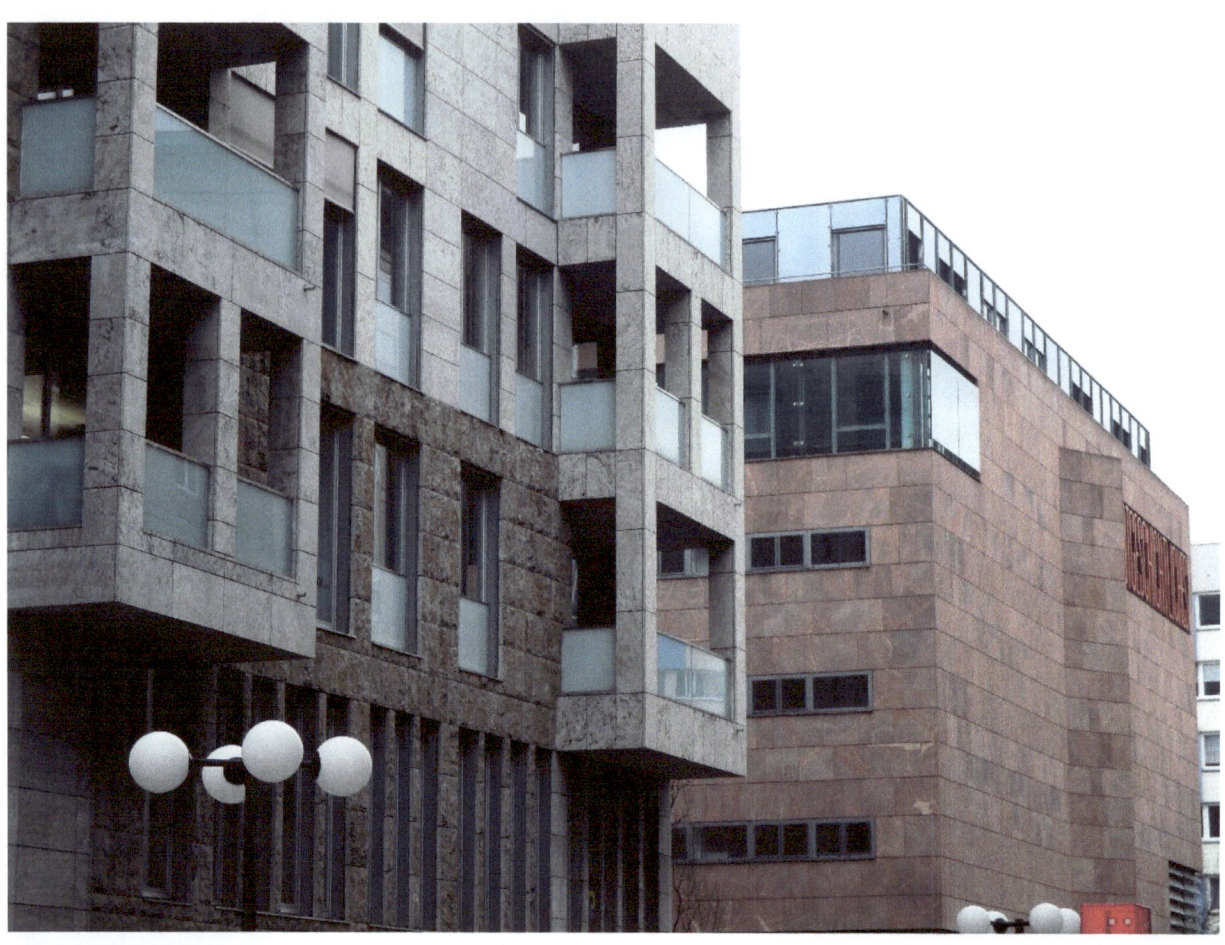

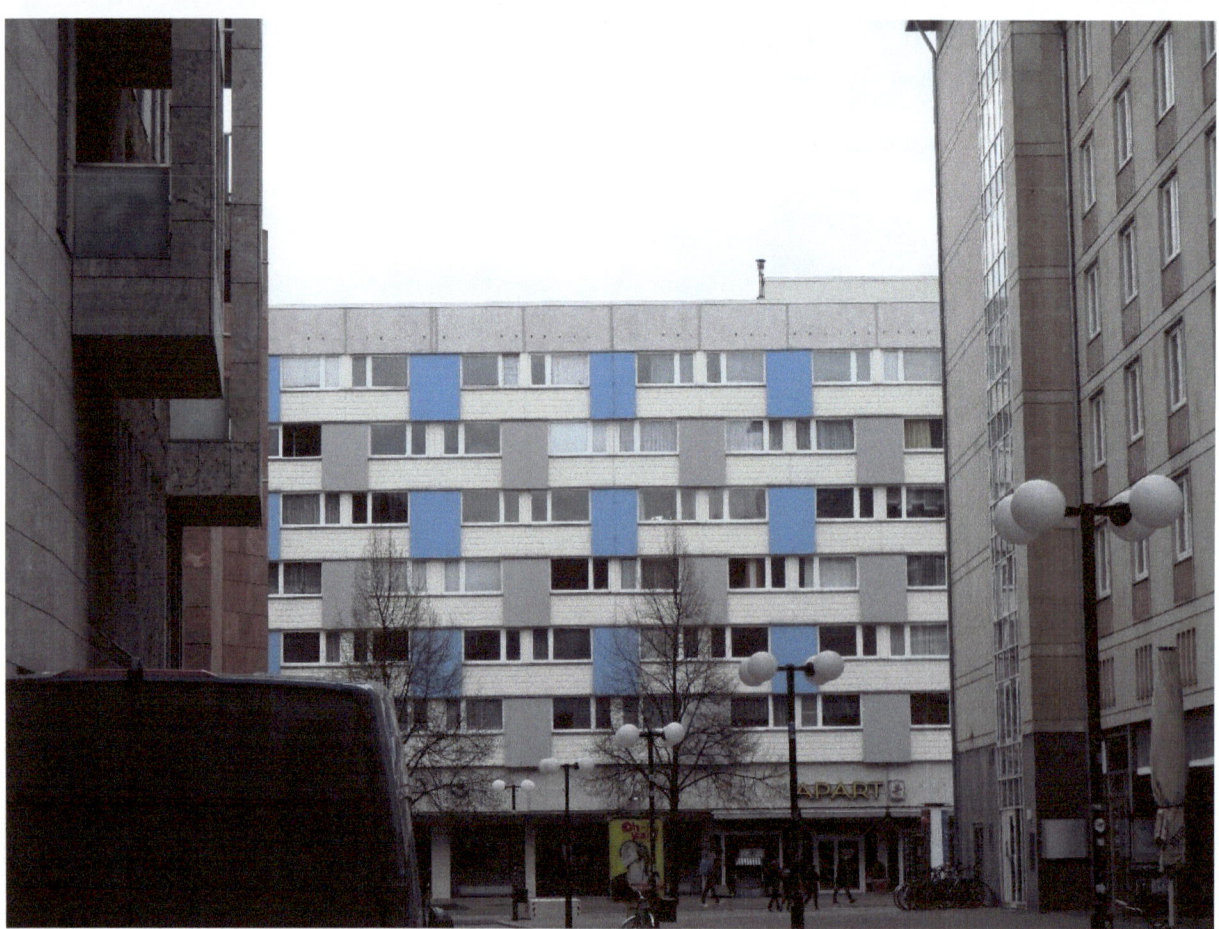

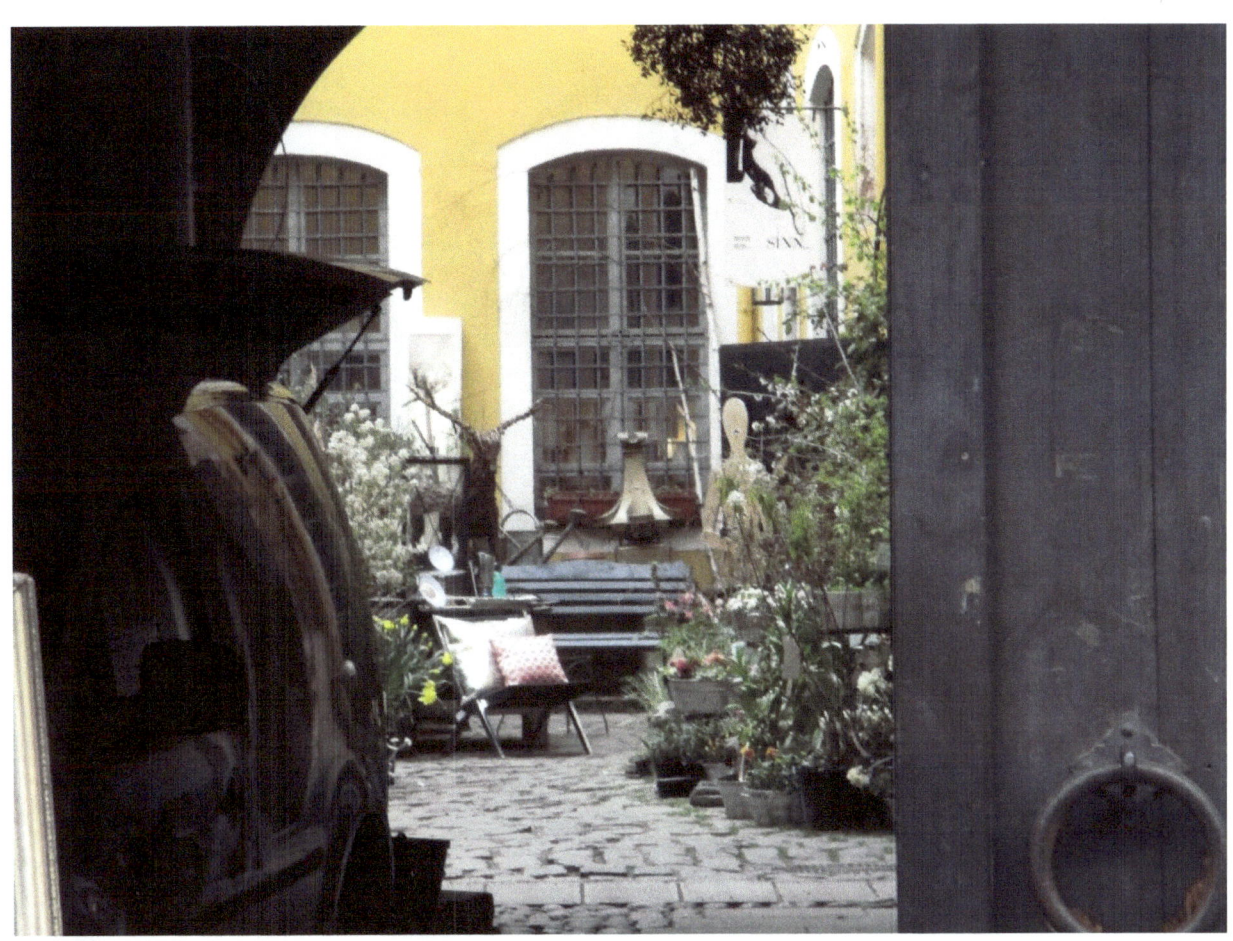

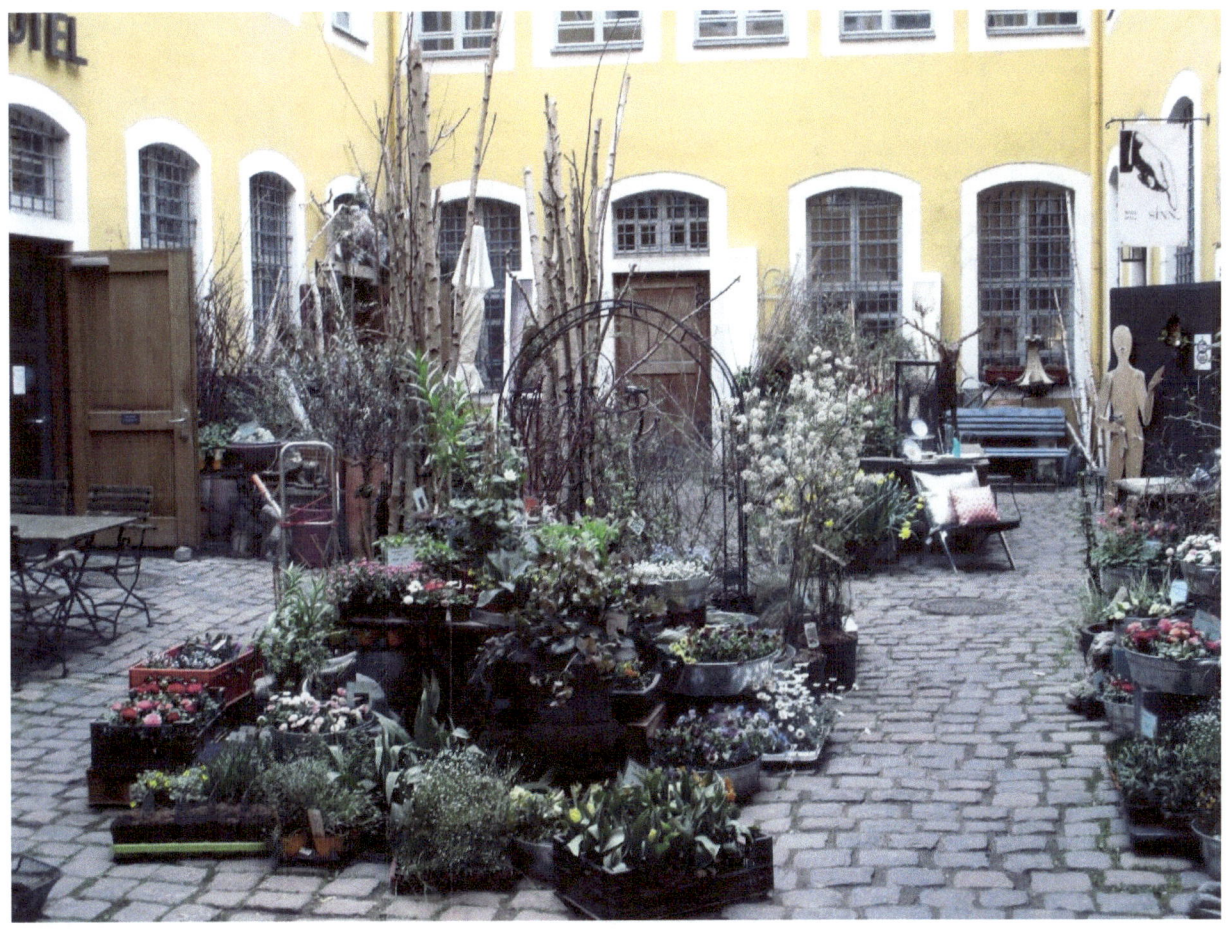

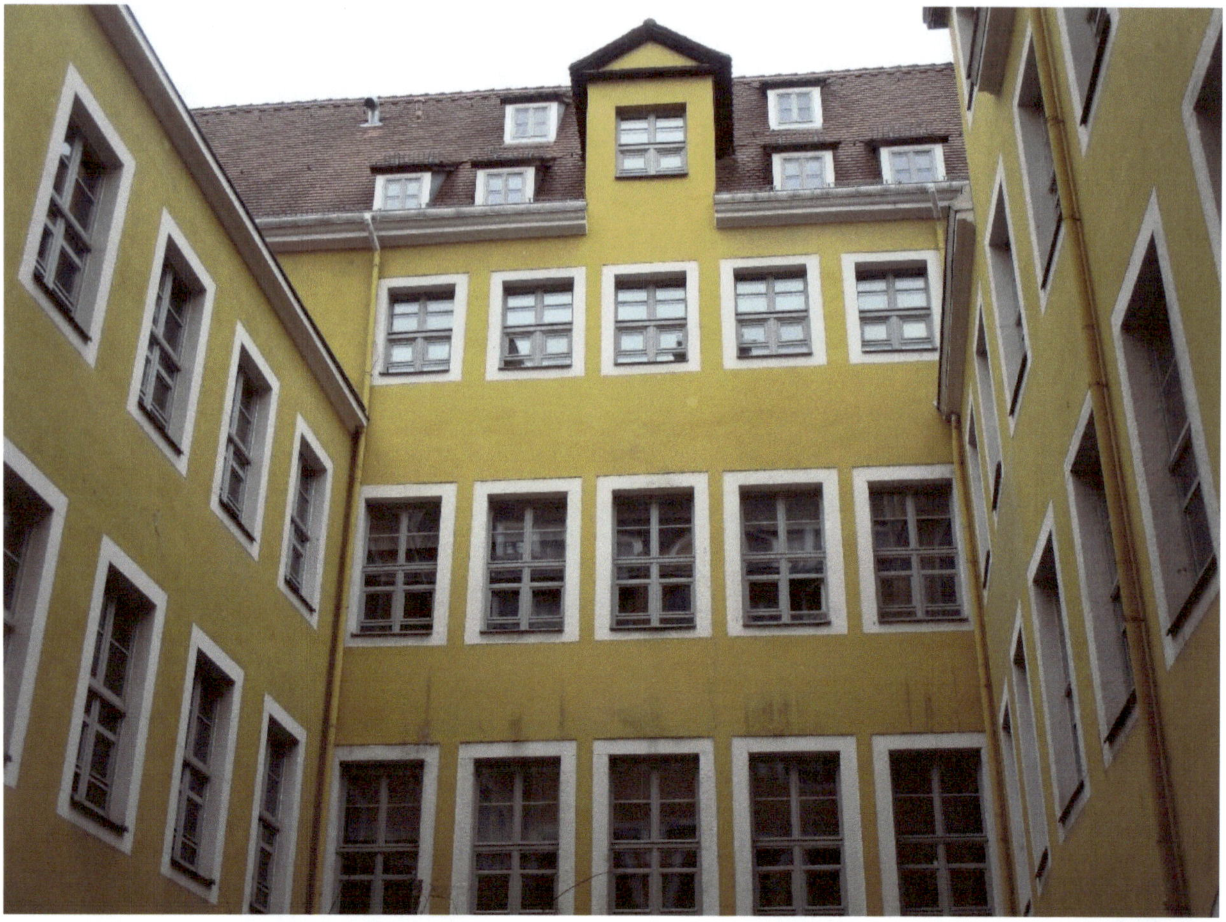

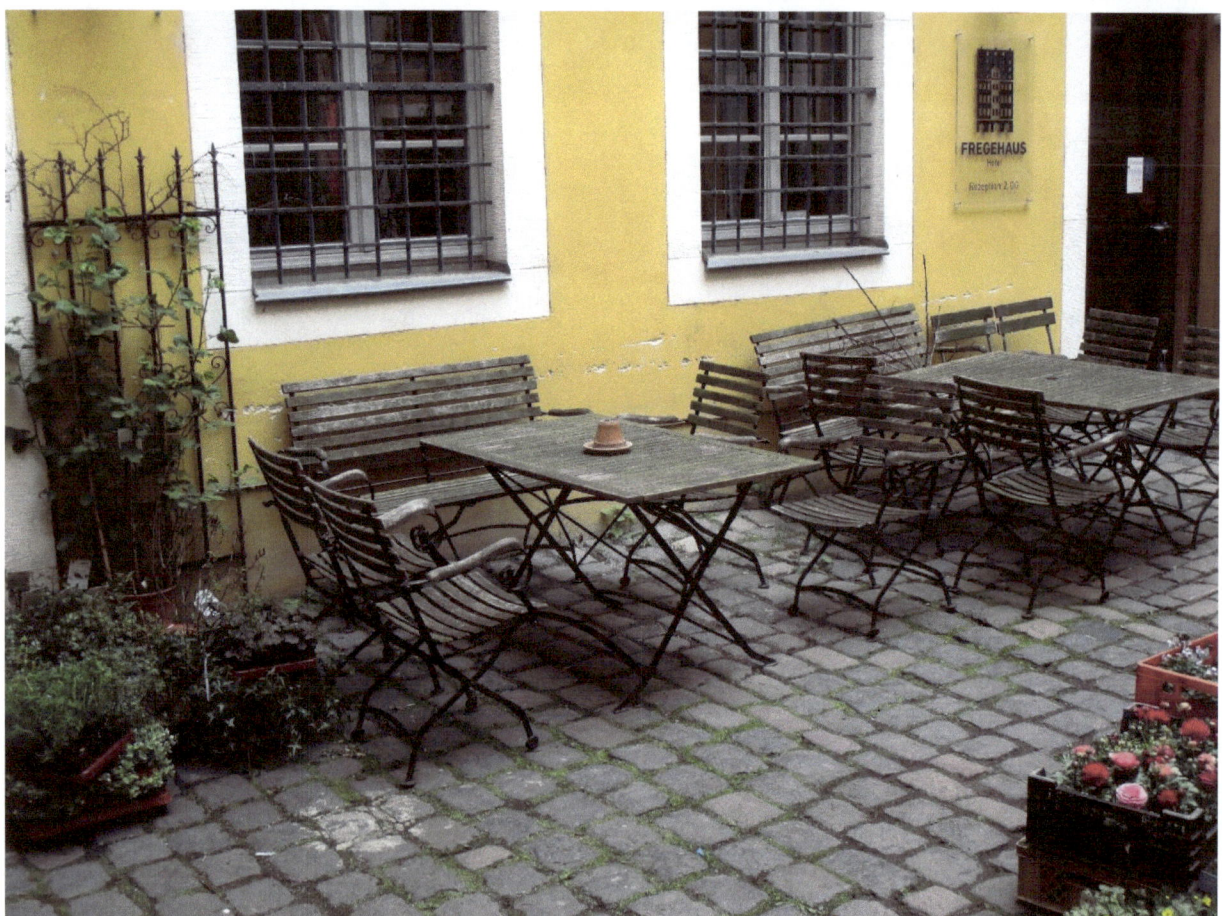

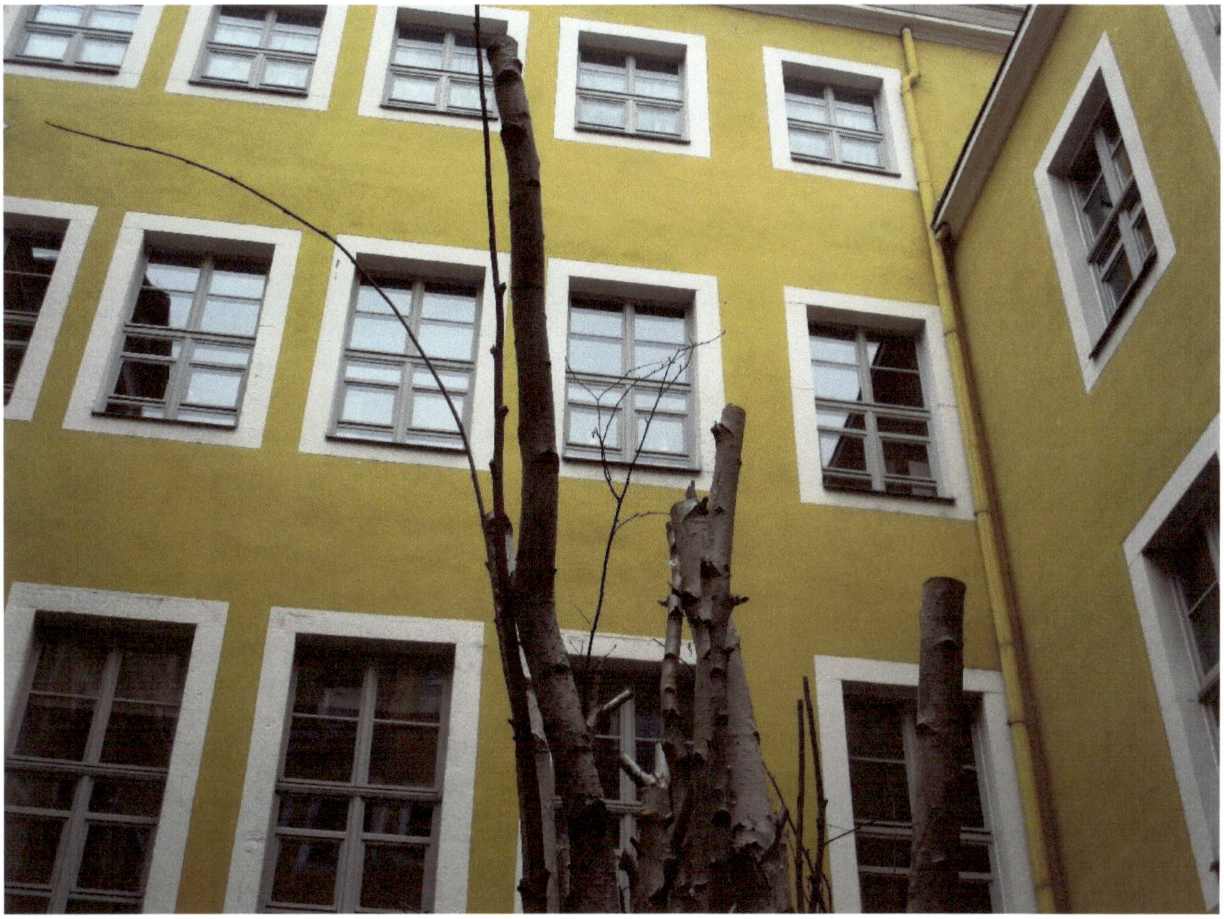

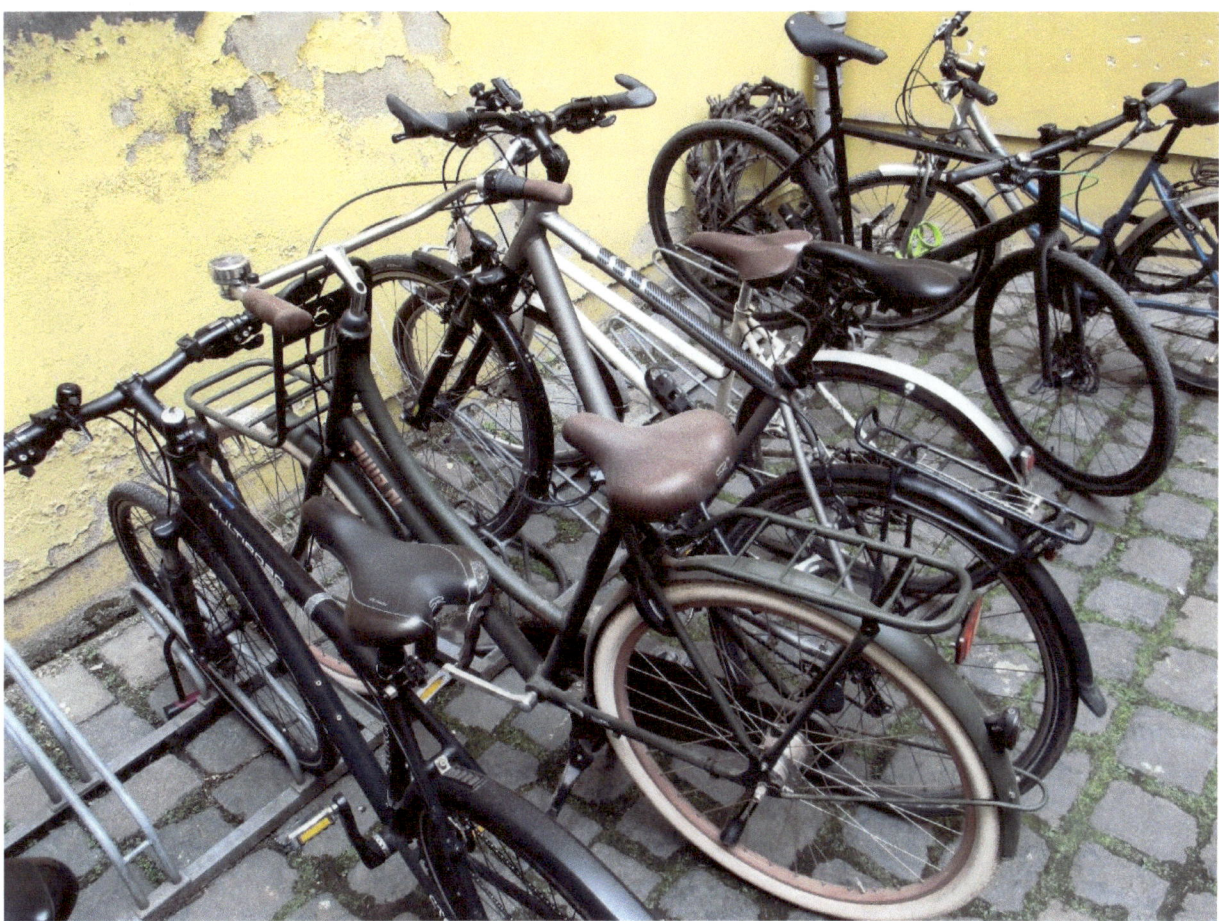

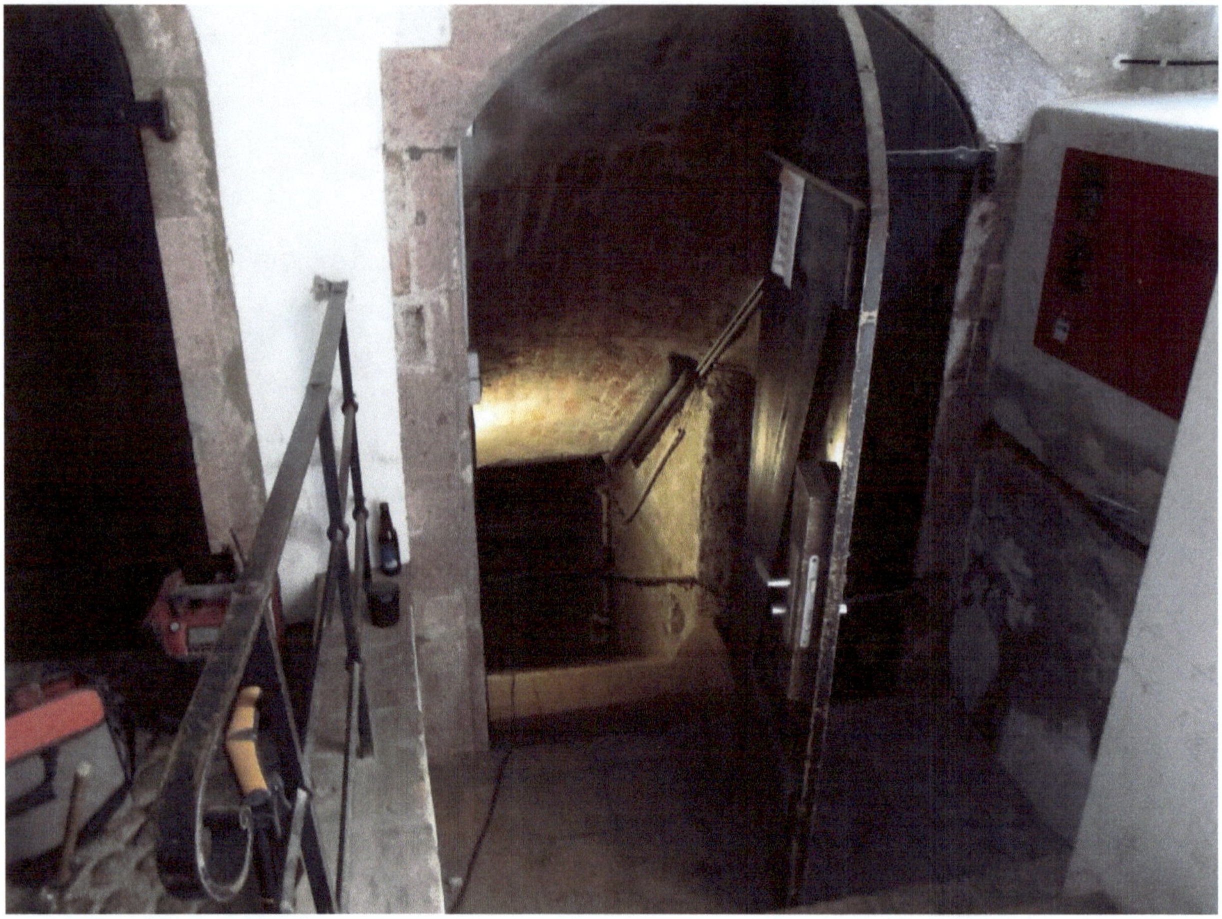

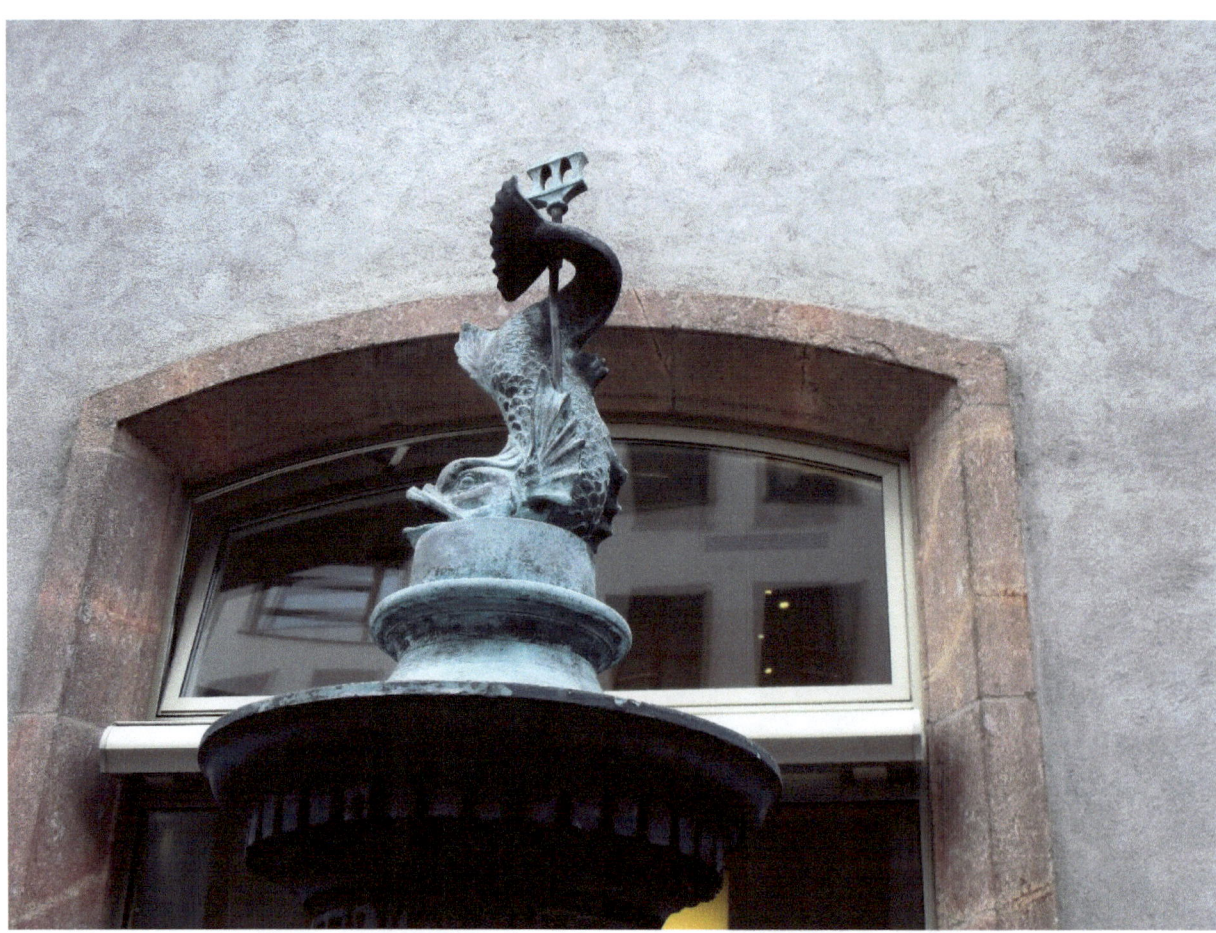

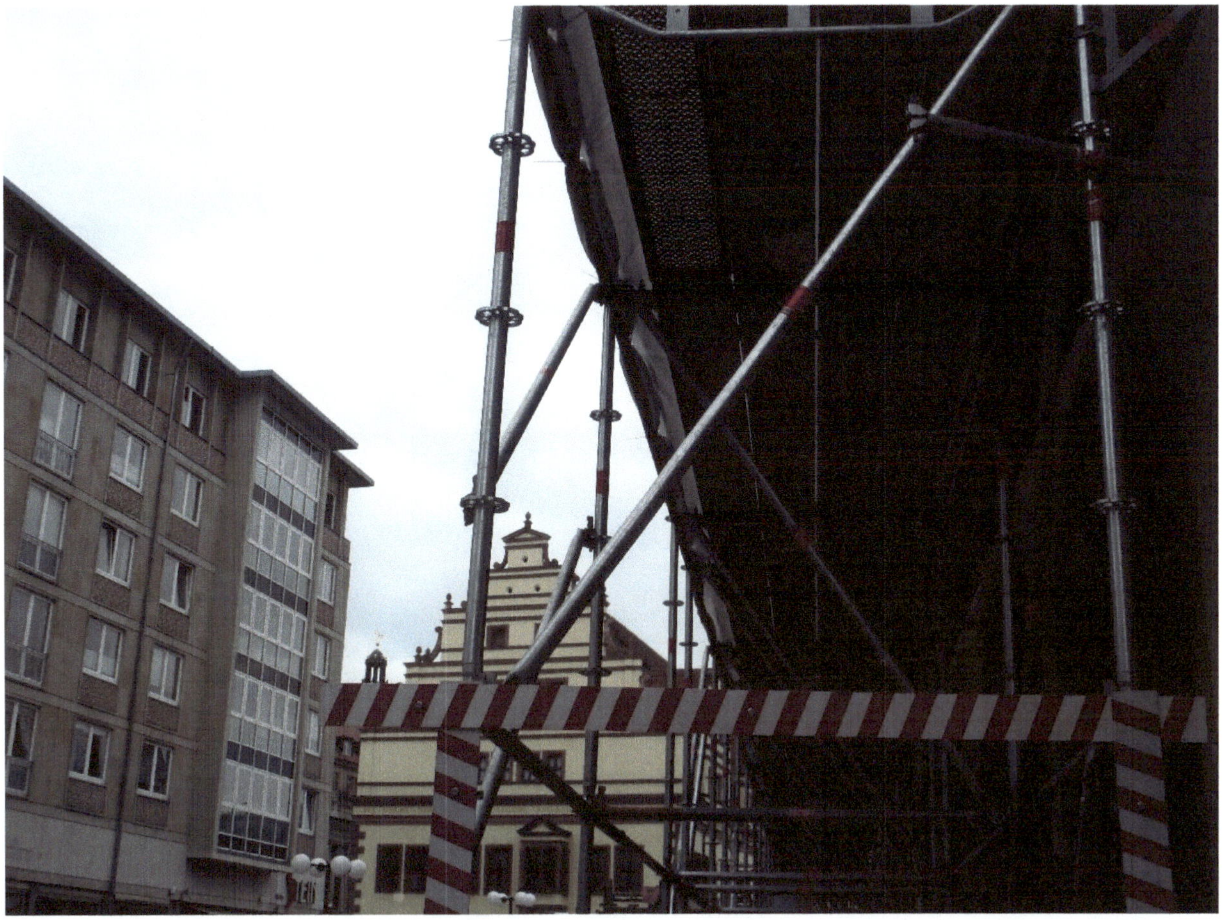

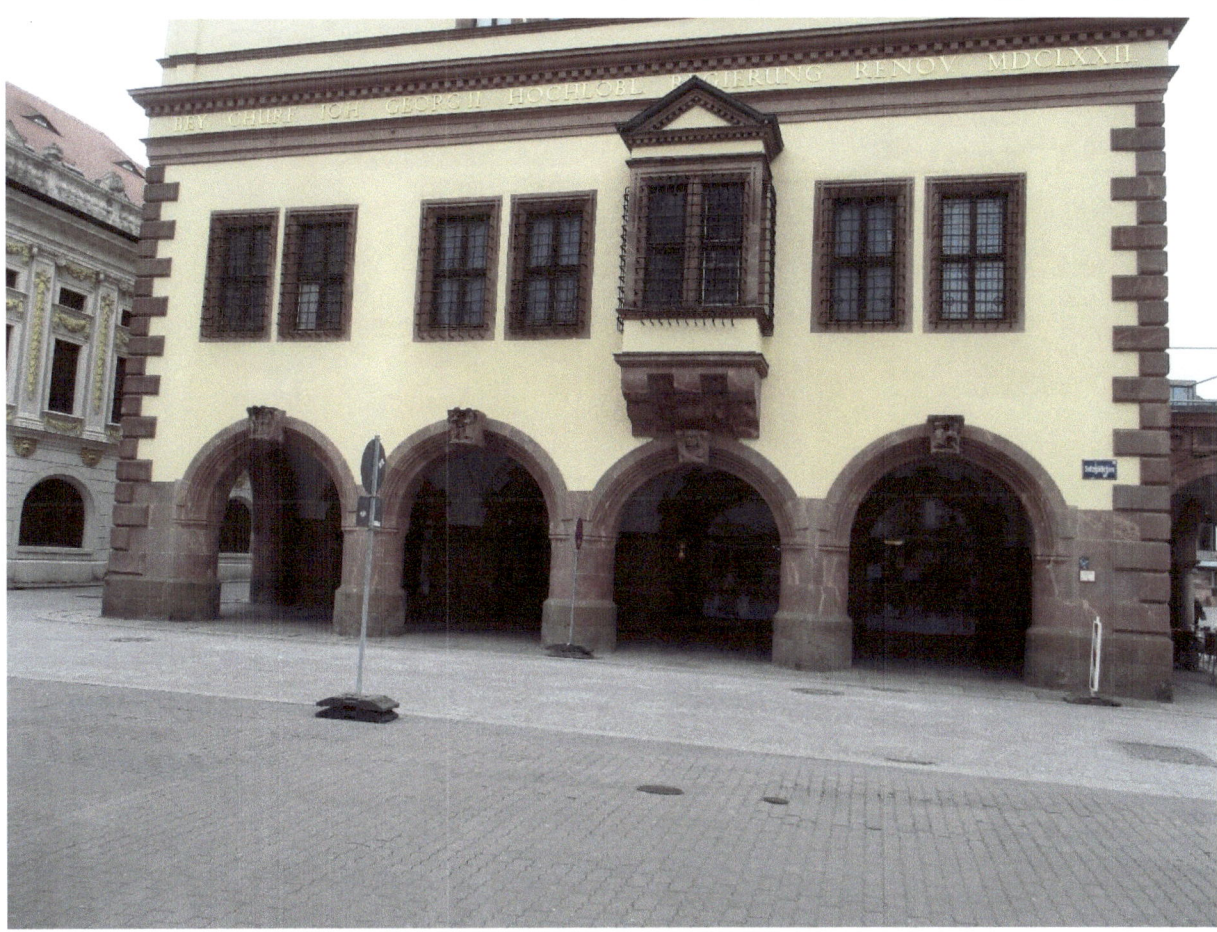

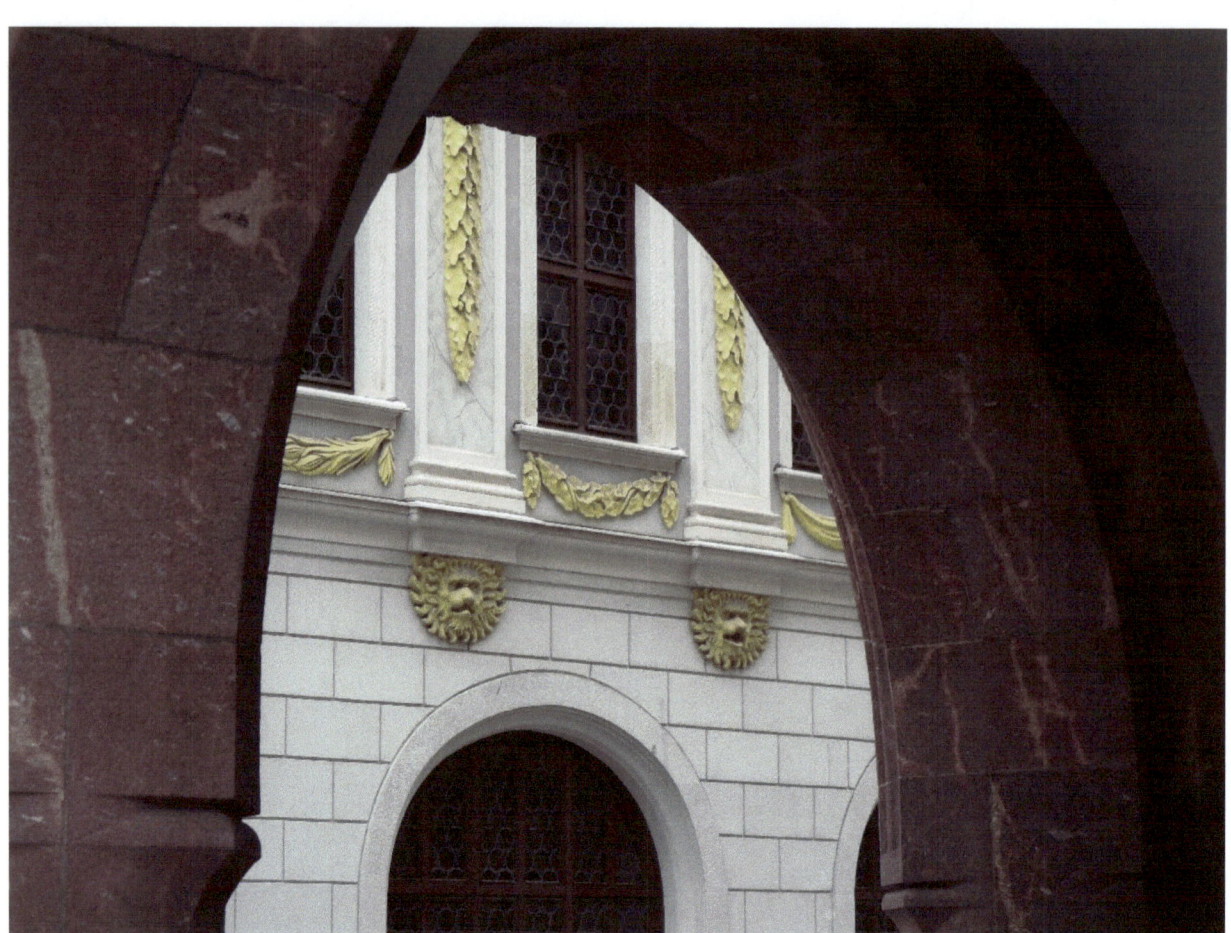

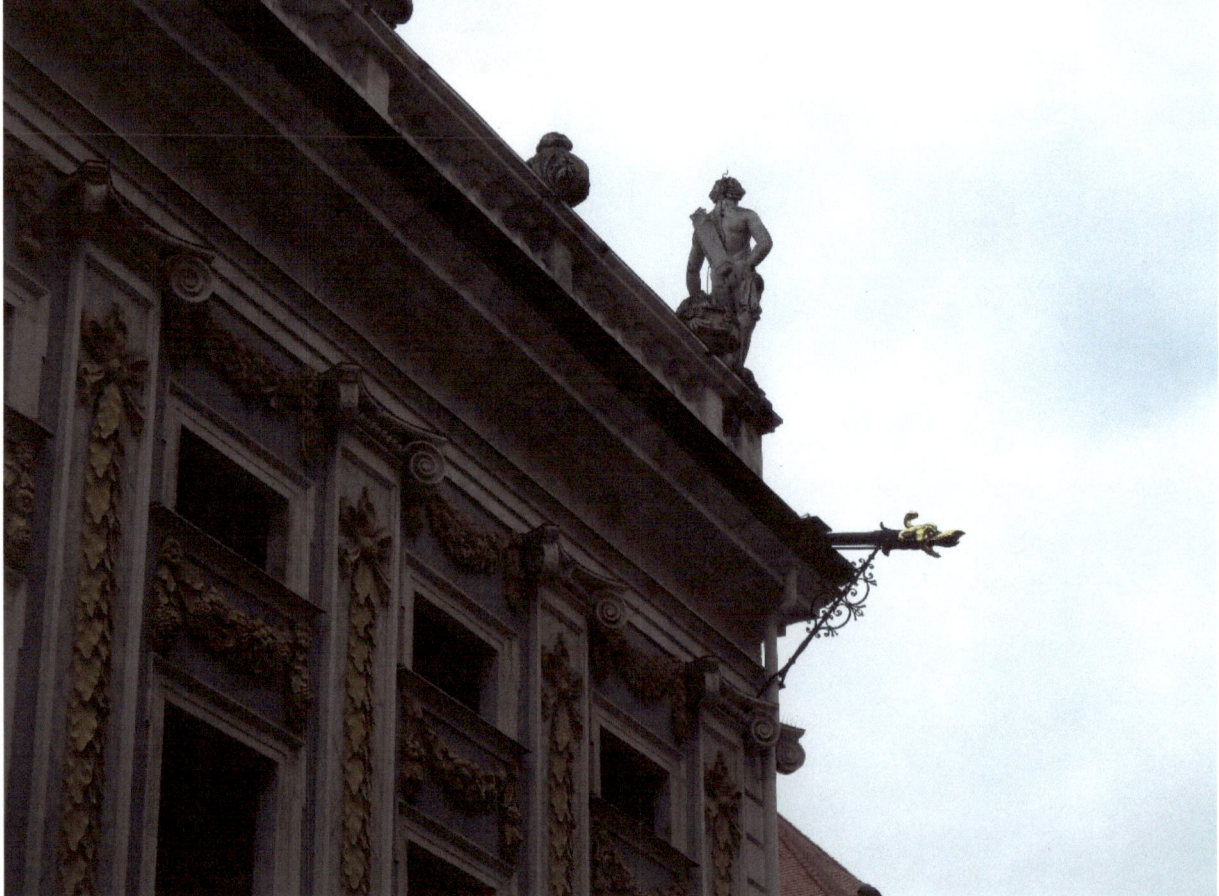

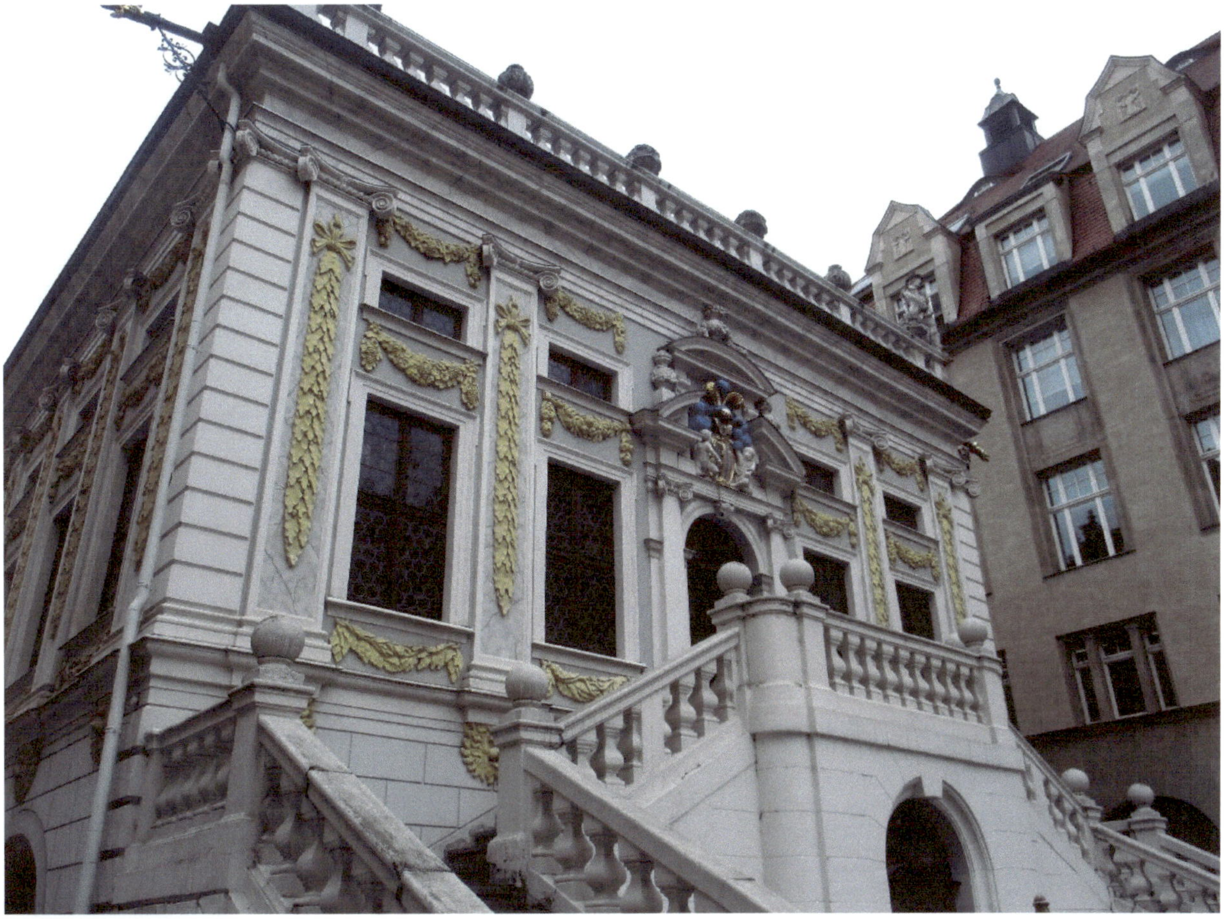

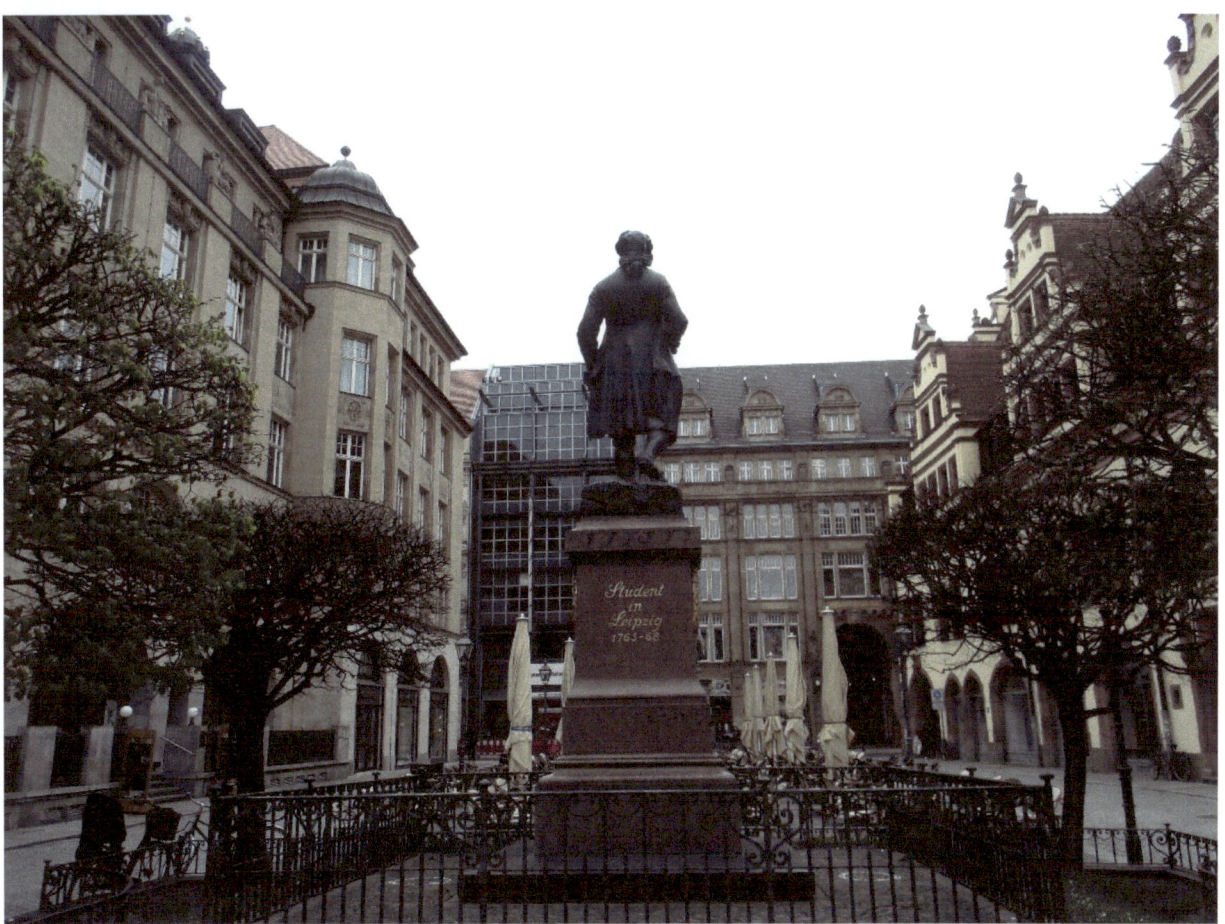

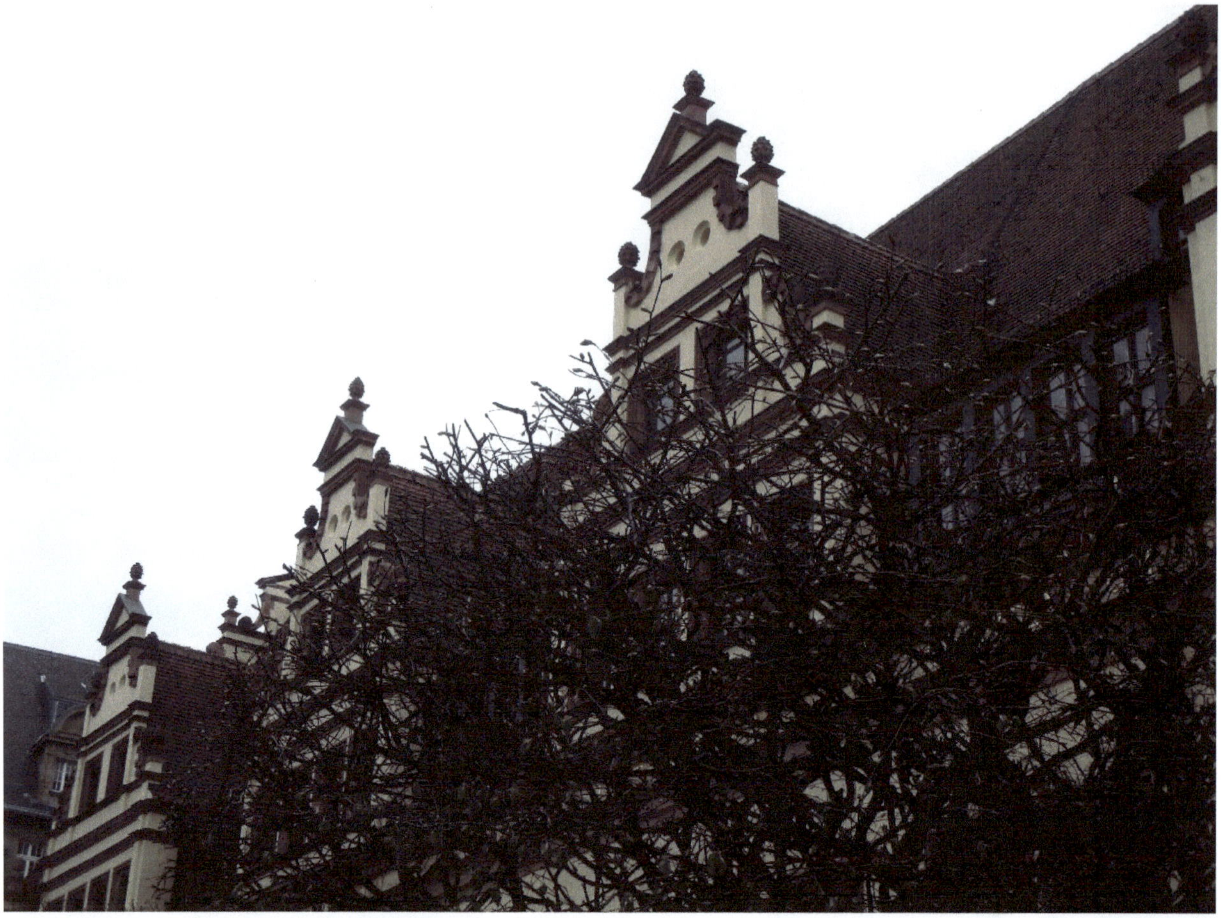

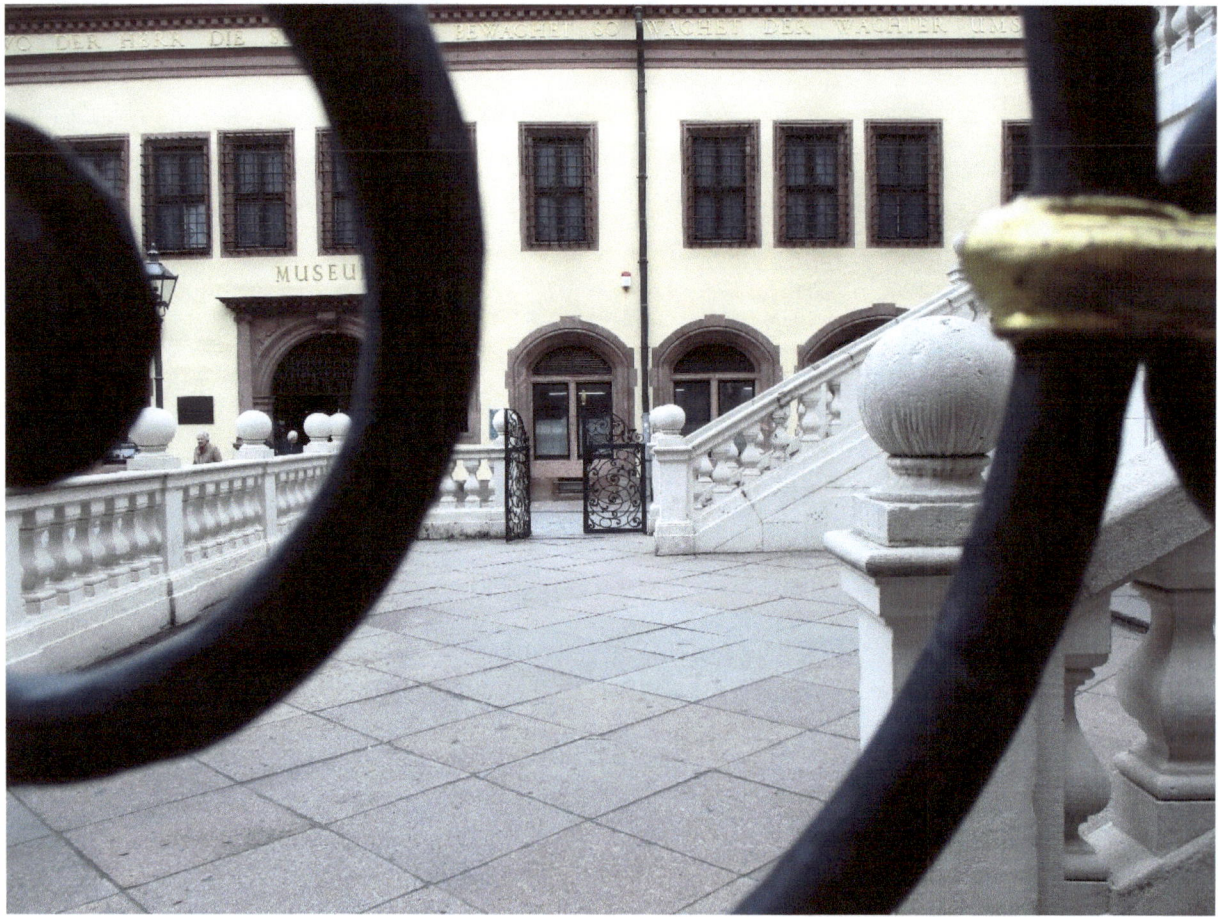

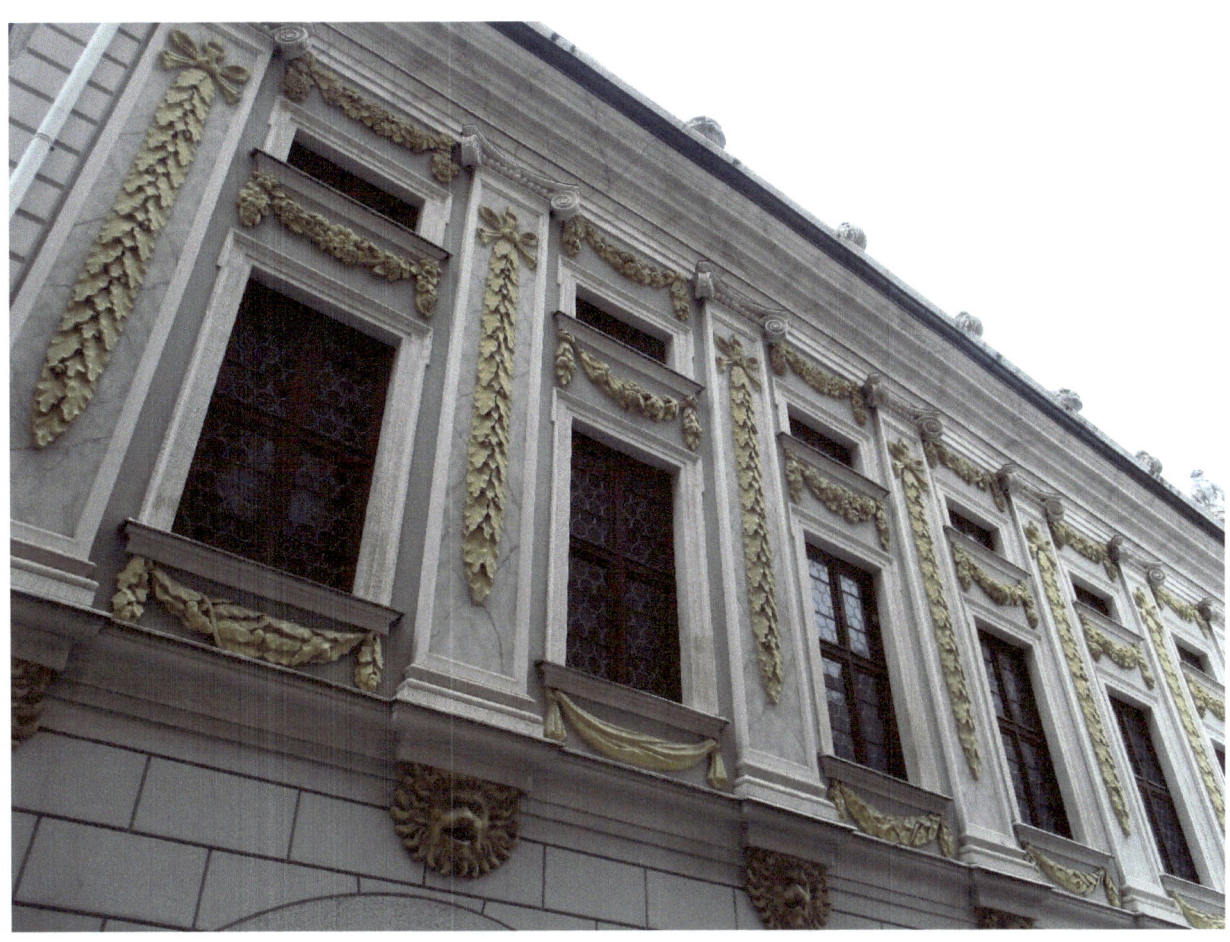

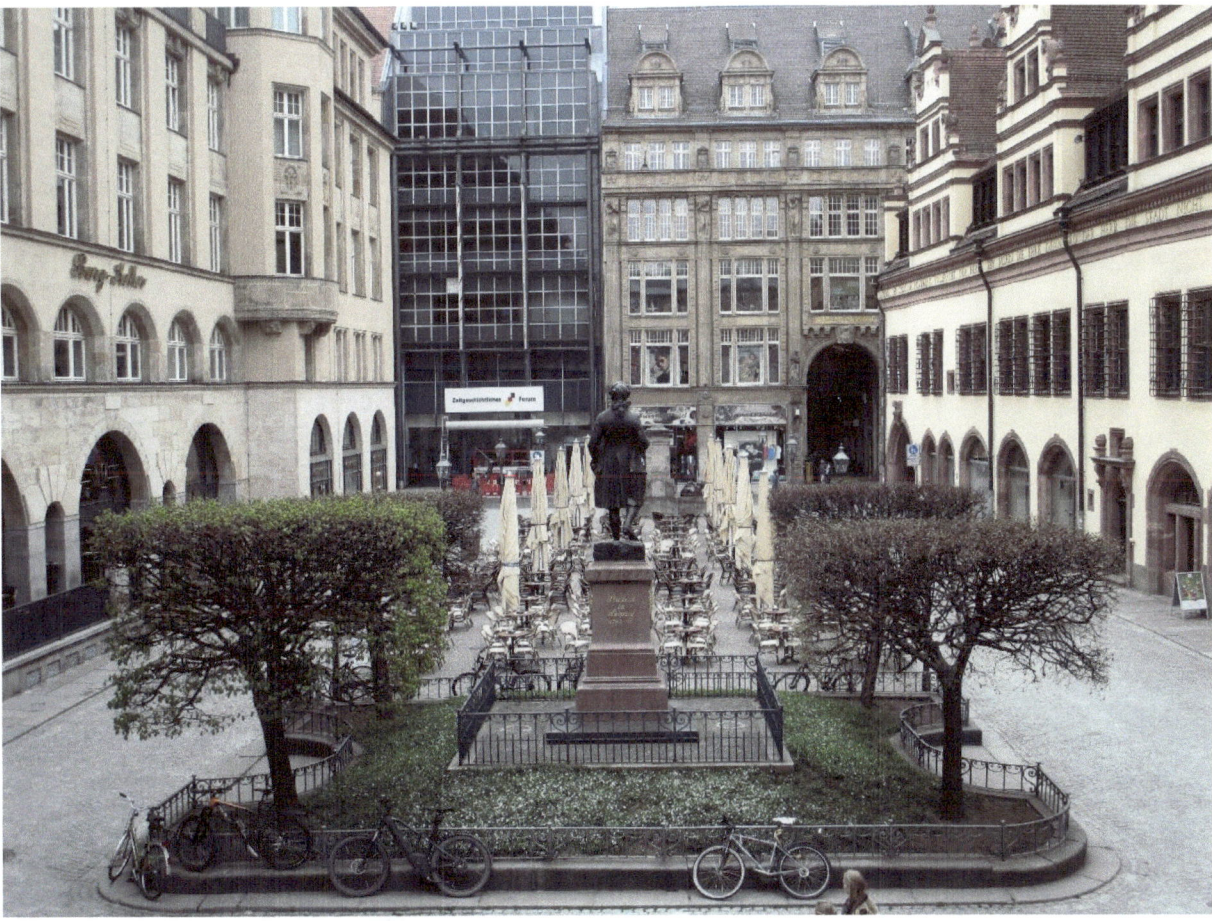

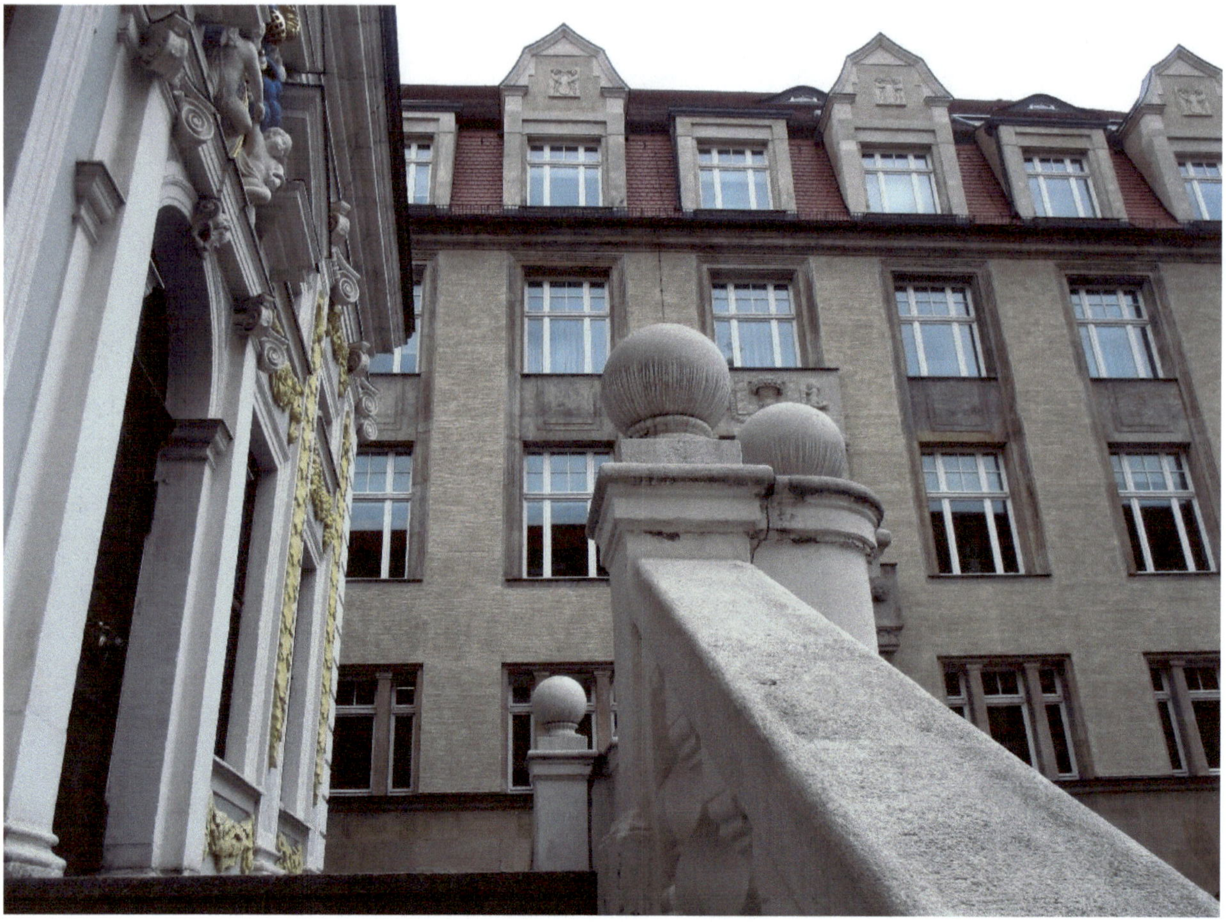

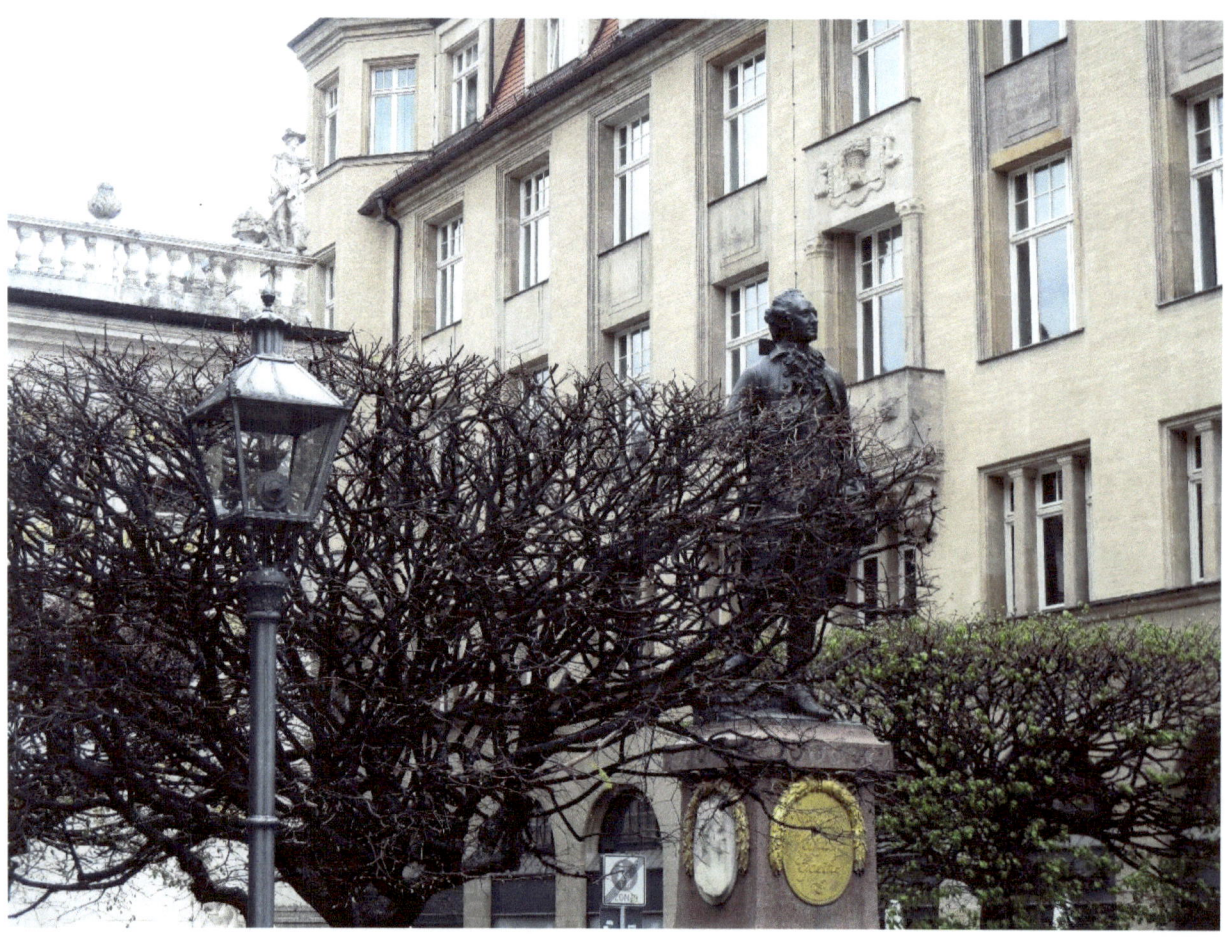

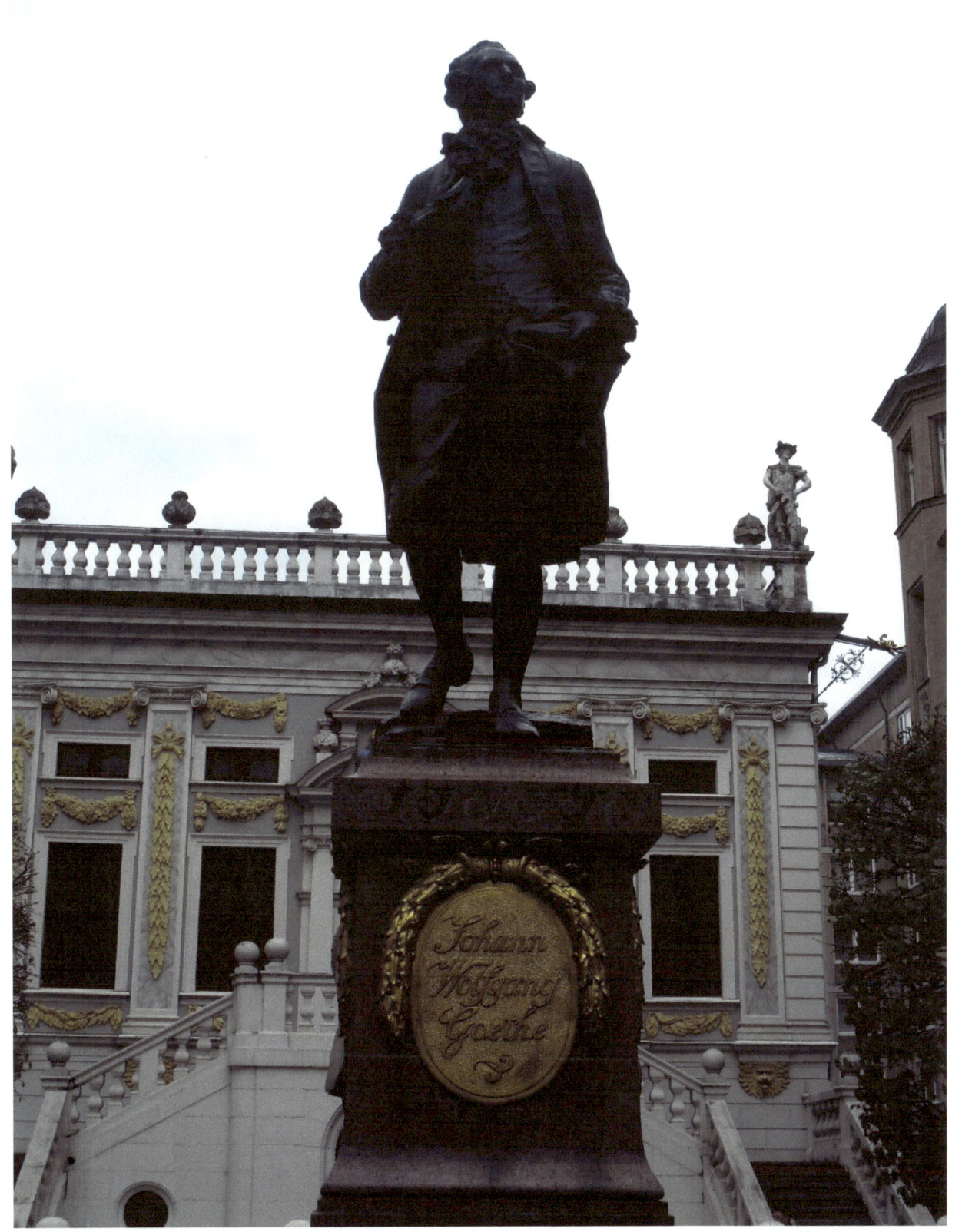

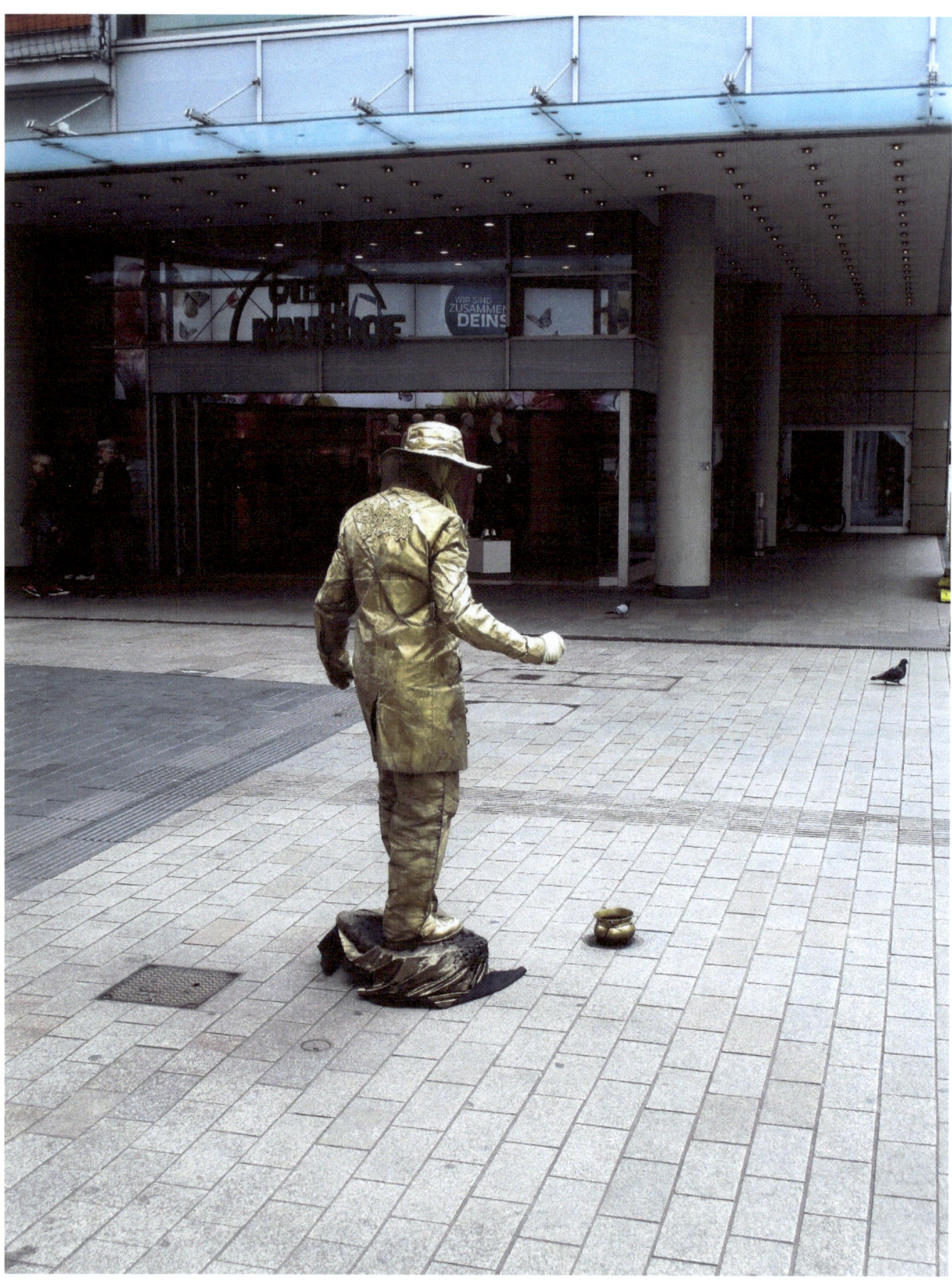

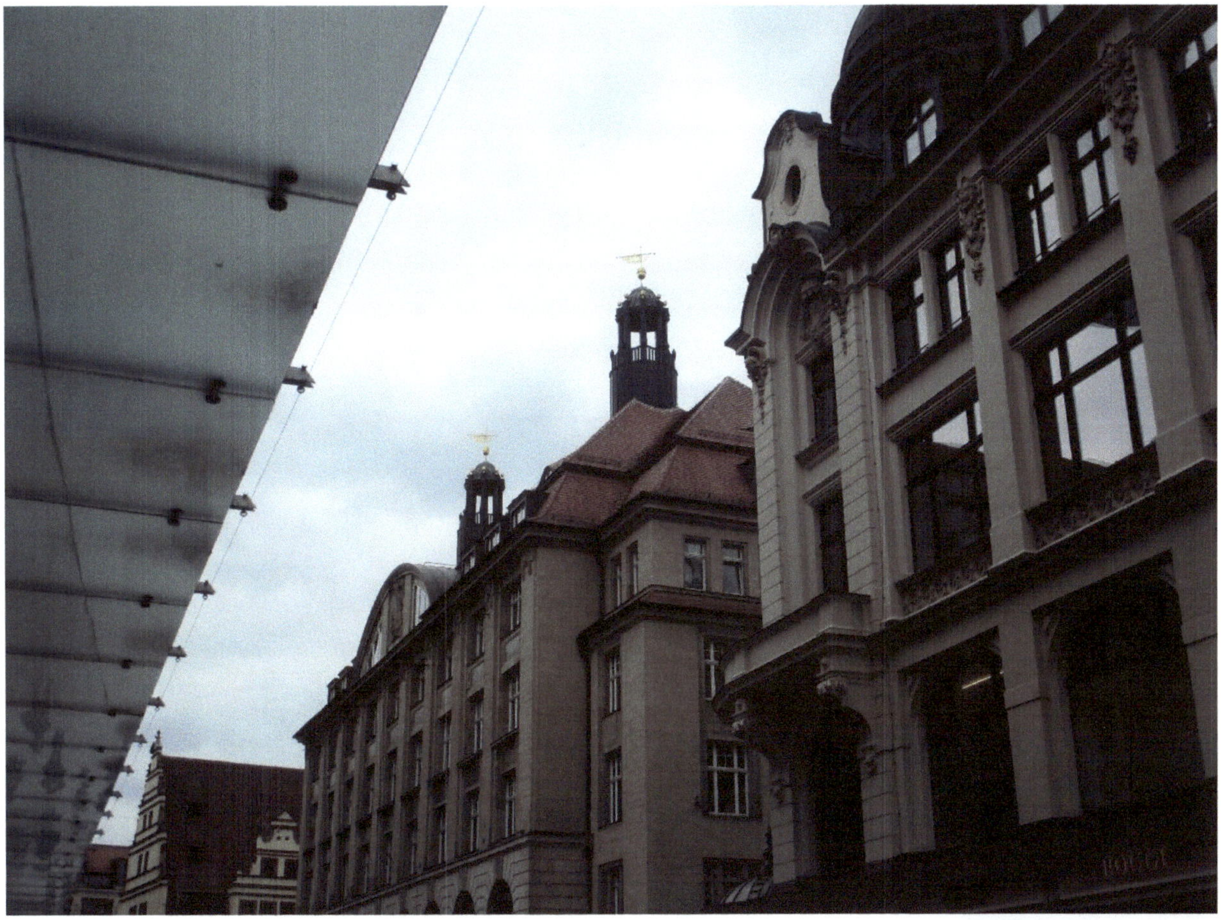

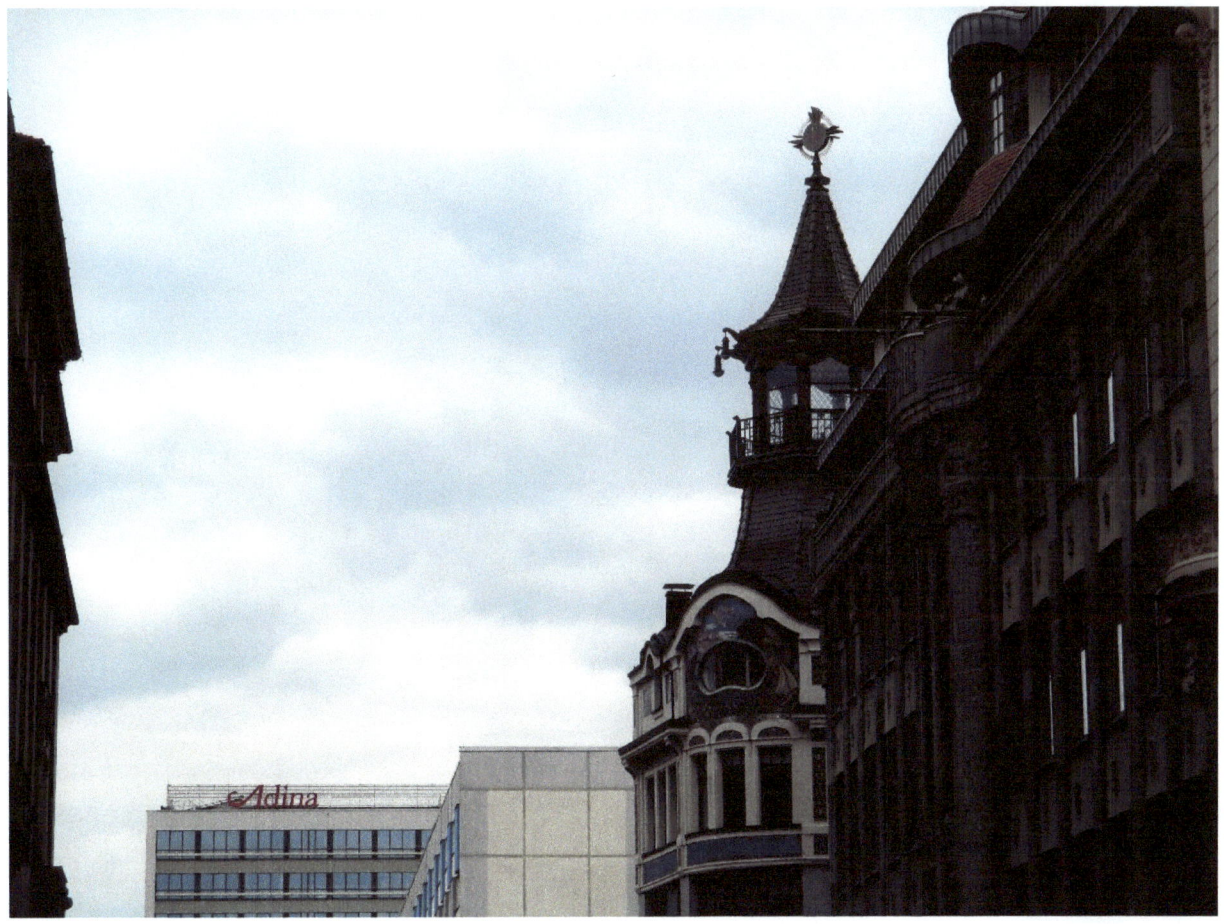

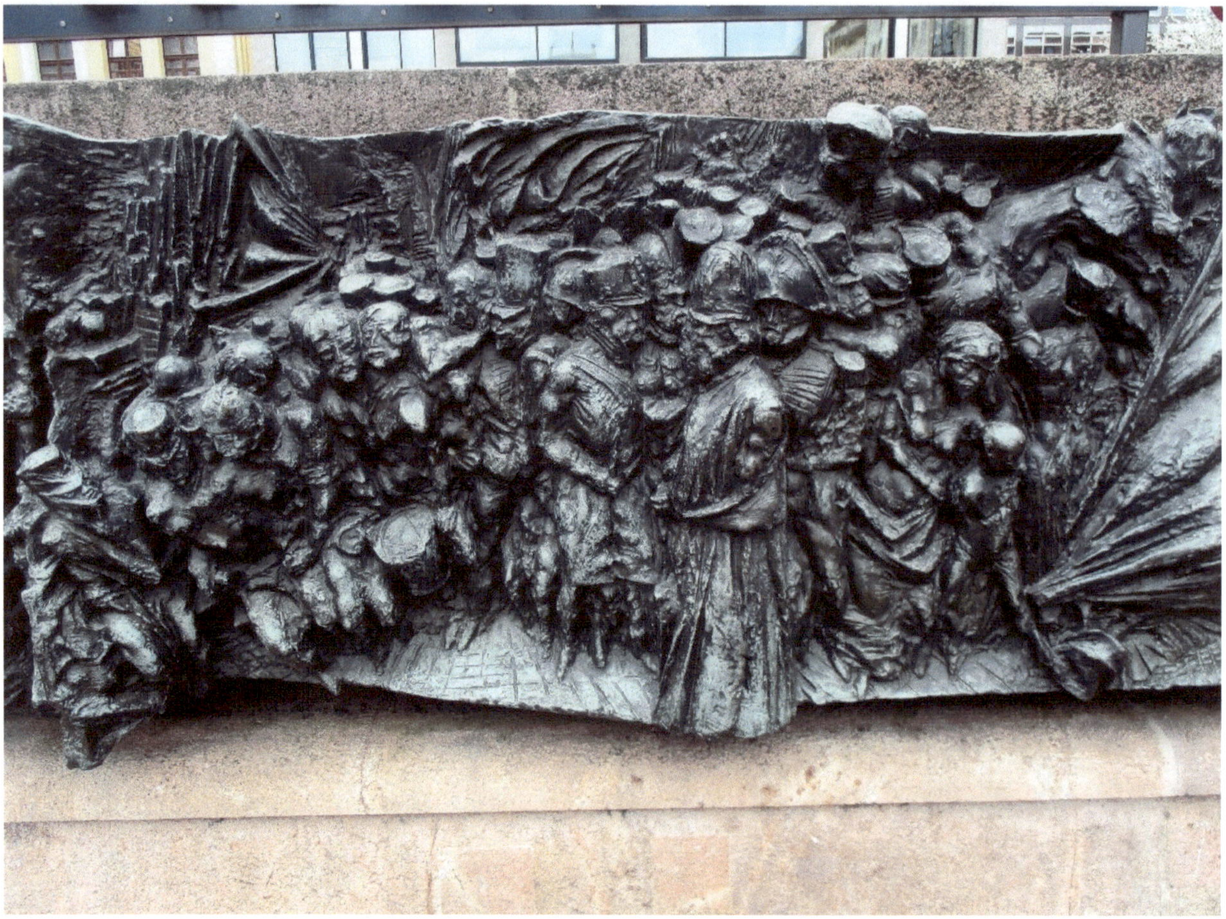

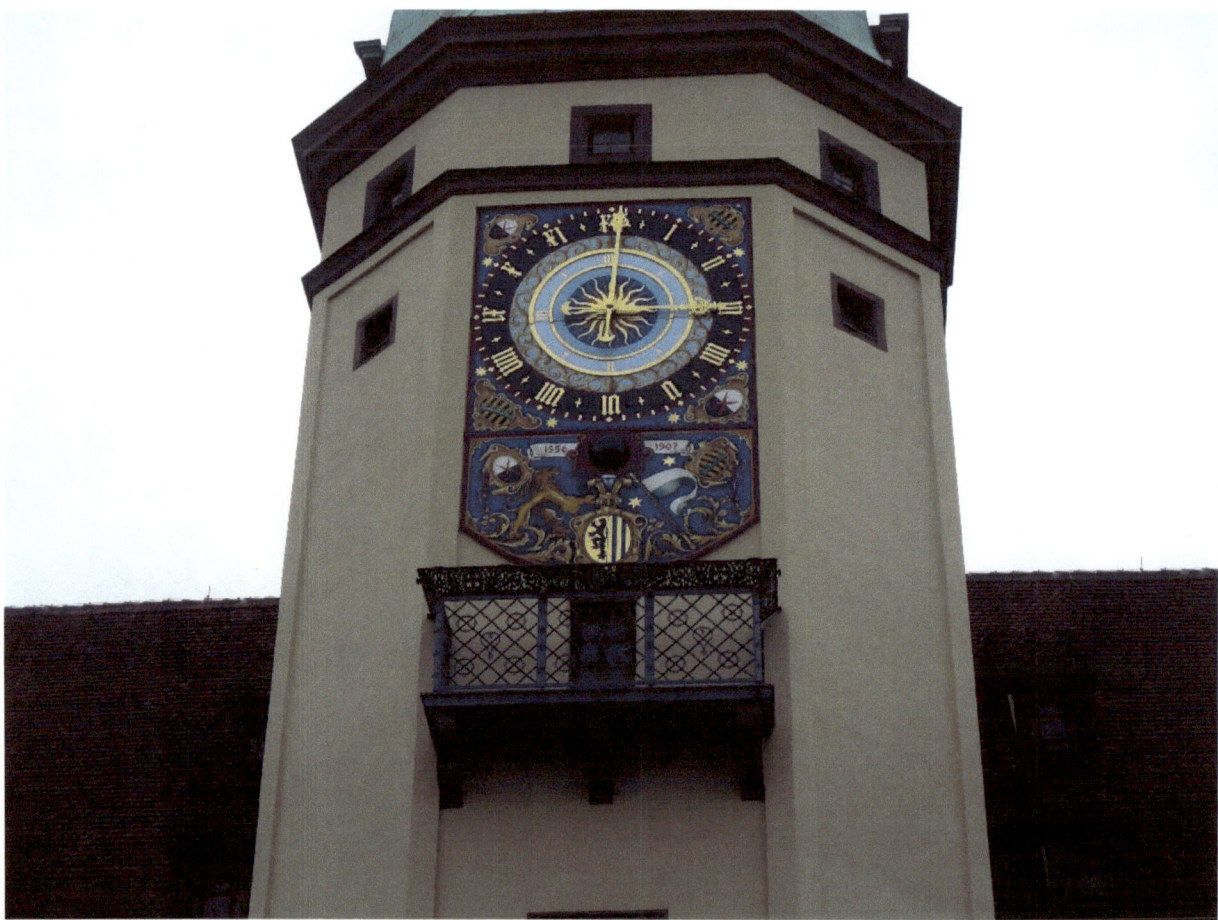

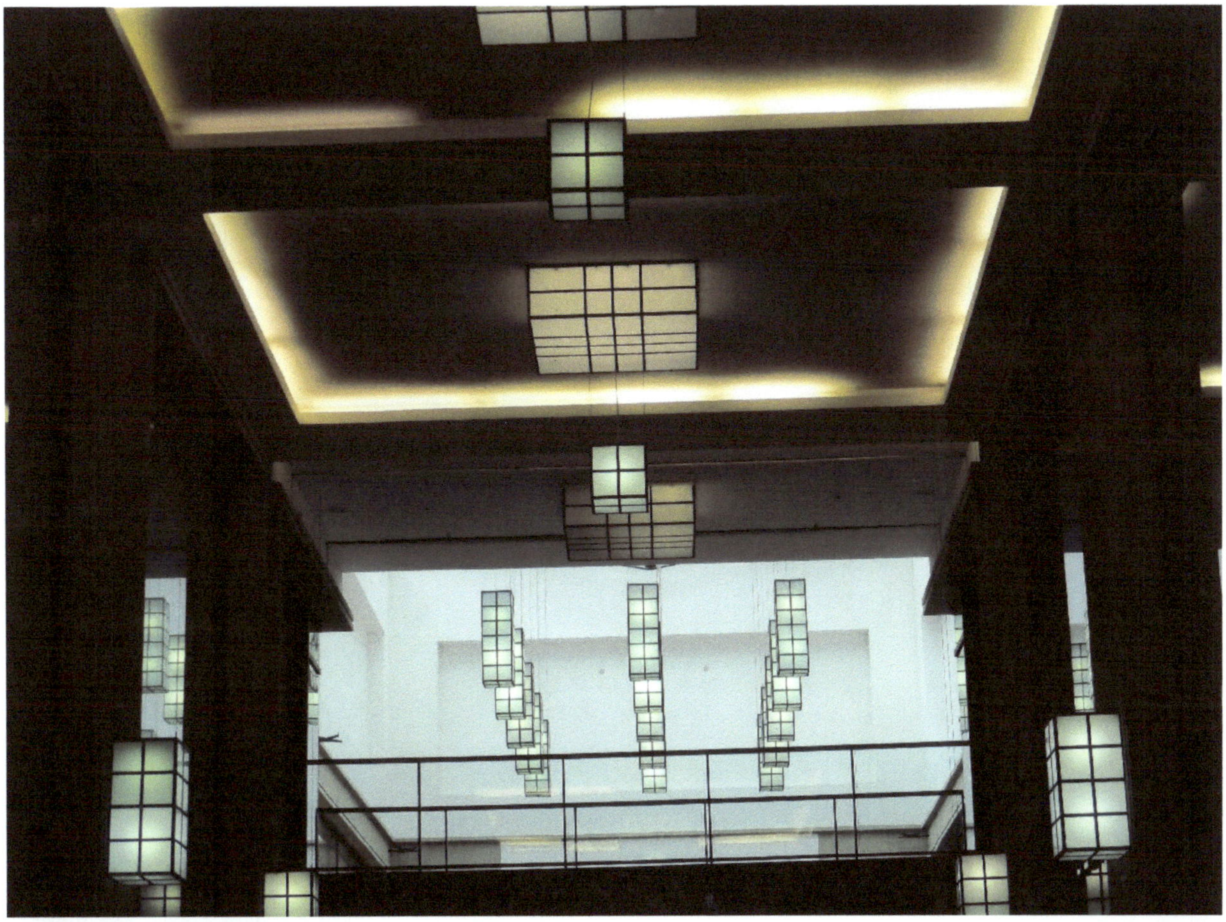

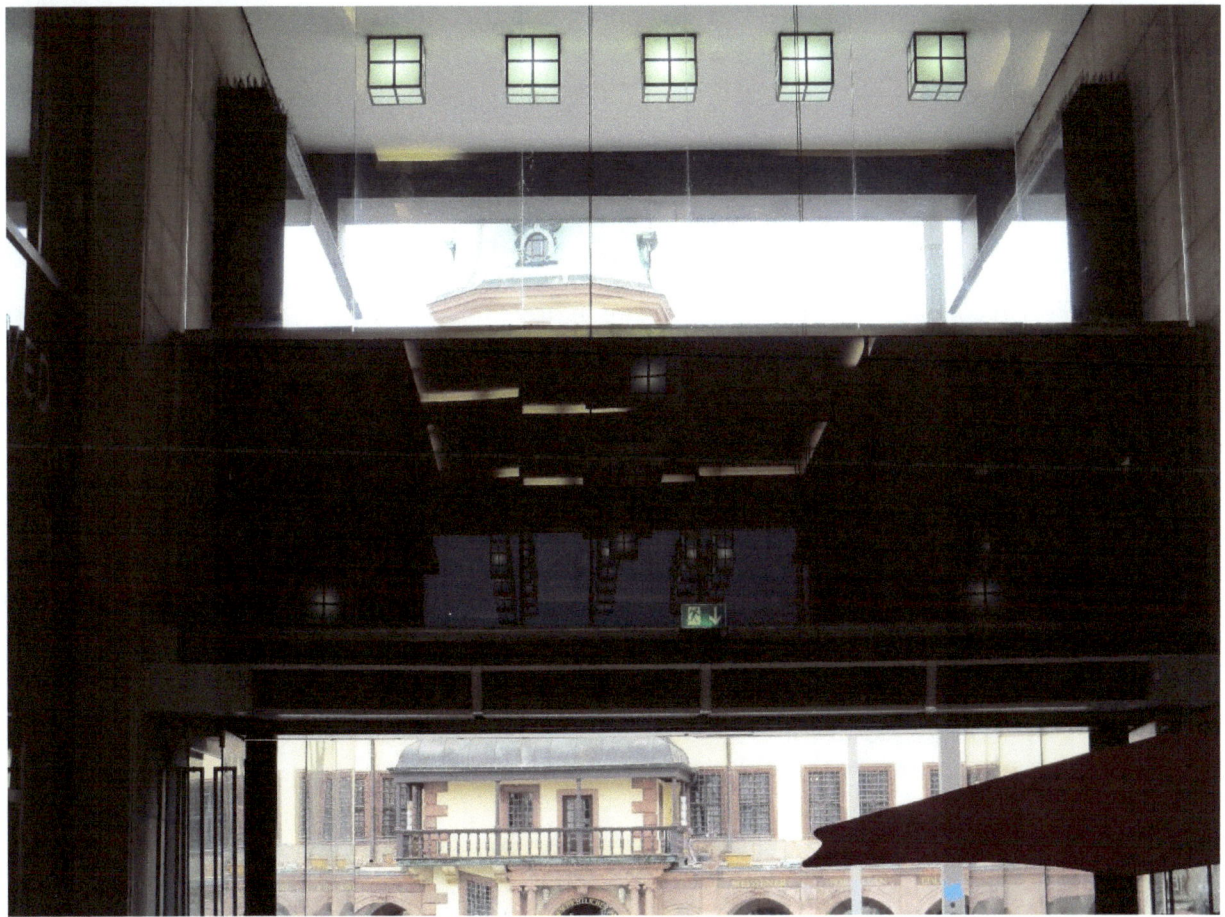

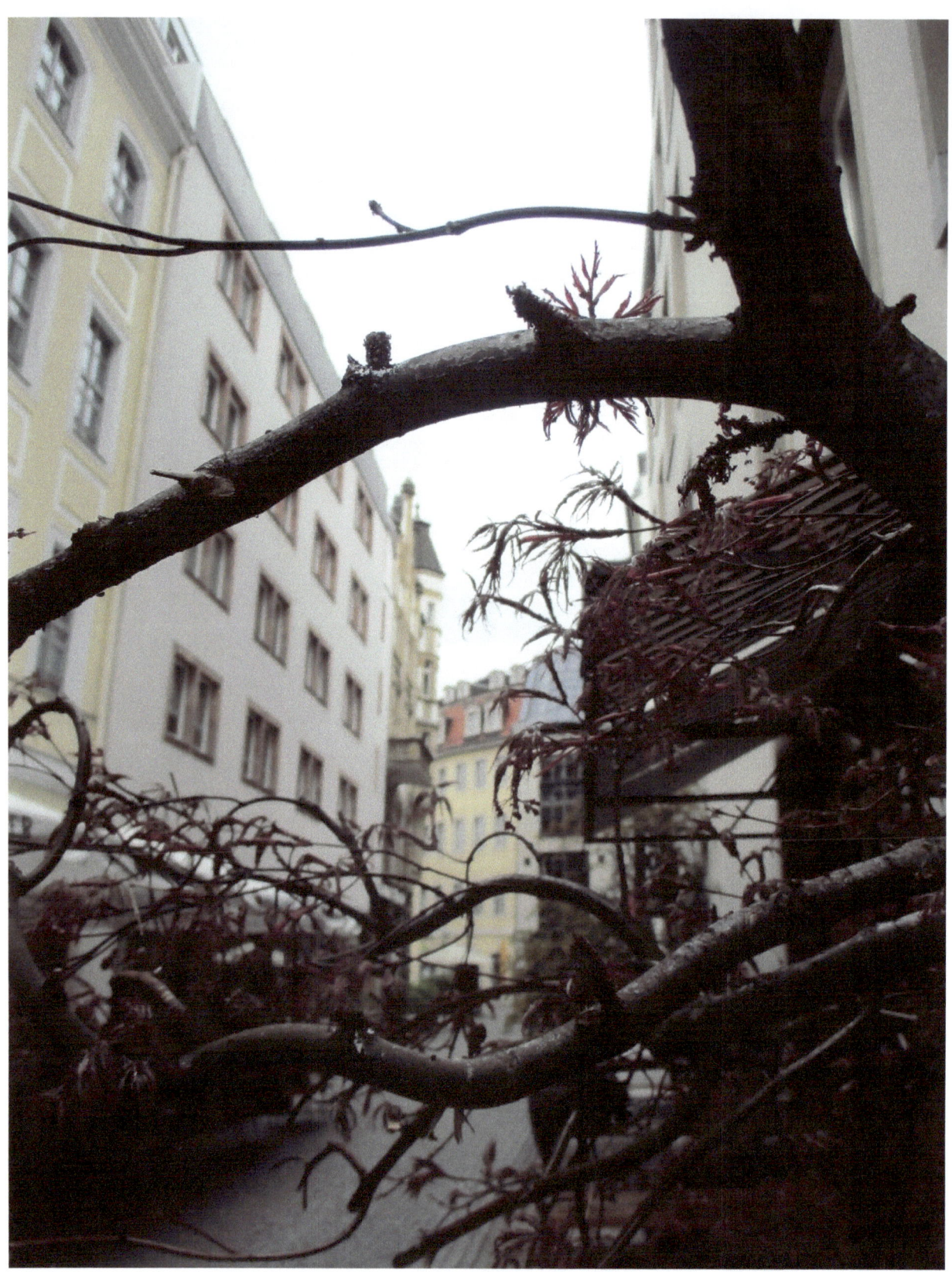

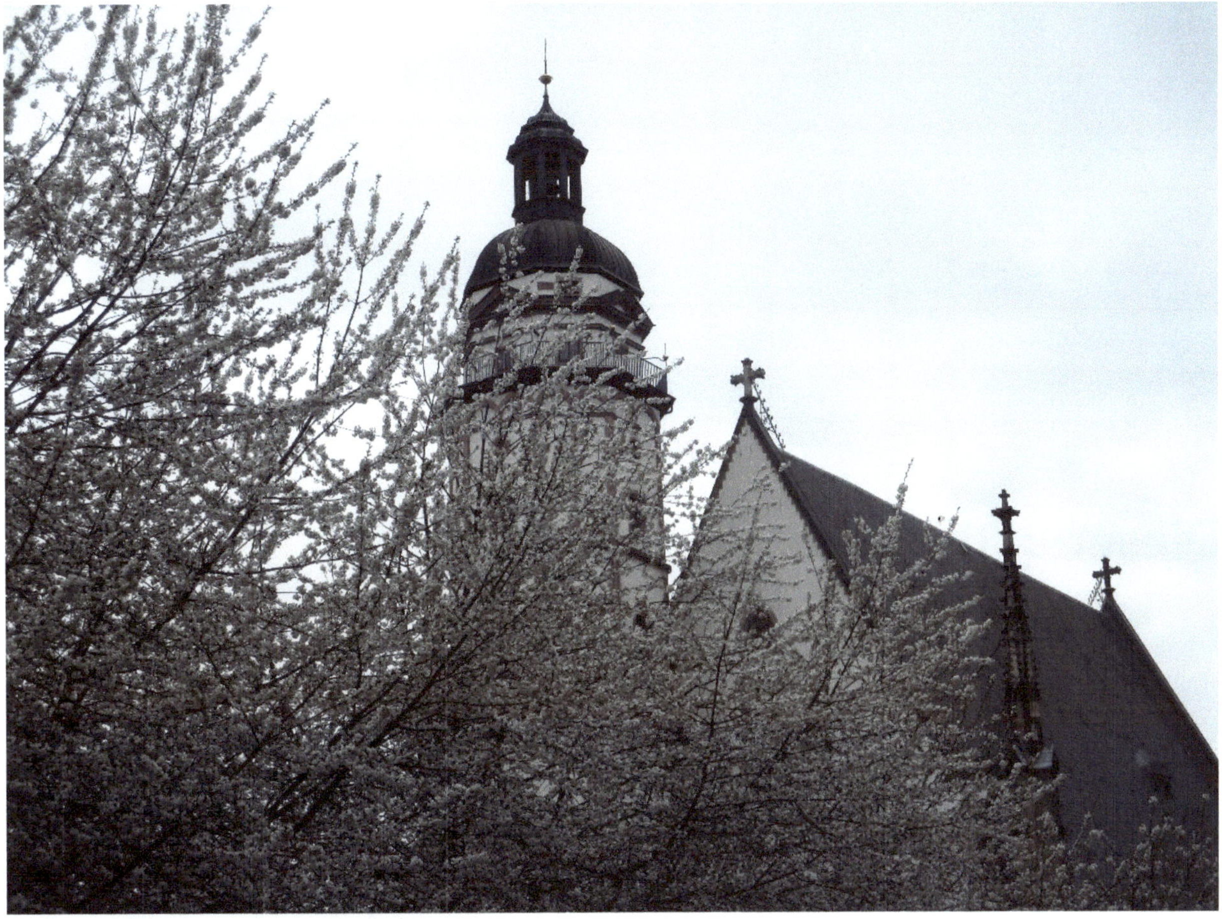

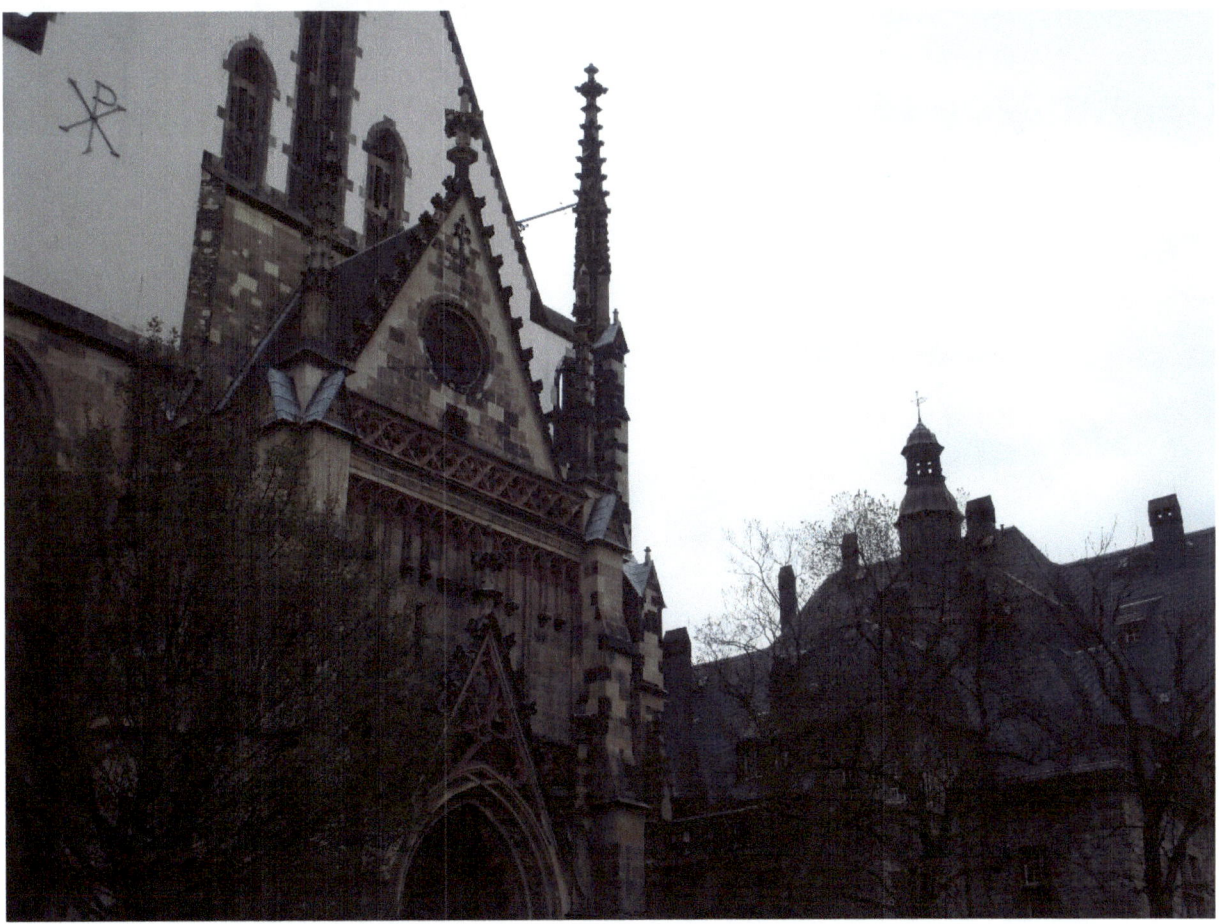

Dieser Bildband ist wie die meisten Arbeiten von

Bettina Bauch & Eckhard Schmittner

als

eBook

oder gedruckte Ausgabe

bei Amazon und in jedem Buchhandel bestellbar